本专著受国家社科基金年度项目——基于老年人口异质性的农村养老服务精准供给研究（编号：19BJY112）和江西农业大学农林经济管理一流优势专业建设项目联合资助

中国模式

农村养老服务精准供给研究

刘小春　李　婵◎著

九州出版社
JIUZHOUPRESS

图书在版编目（CIP）数据

中国模式：农村养老服务精准供给研究／刘小春，李婵著 . -- 北京：九州出版社，2024.9. -- ISBN 978-7-5225-3402-2

Ⅰ. D669.6

中国国家版本馆 CIP 数据核字第 2024KK3271 号

中国模式：农村养老服务精准供给研究

作　　者　刘小春　李　婵　著
责任编辑　曹　环
出版发行　九州出版社
地　　址　北京市西城区阜外大街甲 35 号 （100037）
发行电话　（010）68992190/3/5/6
网　　址　www.jiuzhoupress.com
印　　刷　唐山才智印刷有限公司
开　　本　710 毫米×1000 毫米　16 开
印　　张　15
字　　数　208 千字
版　　次　2025 年 1 月第 1 版
印　　次　2025 年 1 月第 1 次印刷
书　　号　ISBN 978-7-5225-3402-2
定　　价　95.00 元

前　言

我国自 1999 年步入老龄化社会以来，老龄化呈现出增长速度快，老年人口总量大，失能、半失能加剧，高龄化、空巢化、健康状况和收入水平差异化等特点，即老年人口的异质性进一步突显，加之城镇化、工业化快速推进，这些特点在农村尤为突出。这给新时代实现"老有所养"，实施乡村全面振兴，坚持农业农村优先发展，推进中国式现代化，实现共同富裕带来了巨大挑战。面对我国快速的老龄化，必须加速落实积极老龄化战略，构建包括养老保险和养老服务在内的老年保障体系。面对老年人口异质性的进一步突显并因此产生老年人多样化的养老服务需求，必须基于养老服务需求差异的现实存在，构建满足不同老年人群养老服务需求的分类、分层养老服务体系，以使养老服务更有针对性，提高养老服务精准度。

当前我国农村养老服务在供给总量不足的同时，呈现出供需结构性矛盾和潜在需求空间大与现实需求存在缺口之间的矛盾，导致农村养老服务供给效率不高。因此，在实施积极老龄化国家战略、供给侧结构性改革及高质量发展大背景下，真正构建坚持精准思维，瞄准农村老年人口异质性的养老服务体系；真正做到供给能力、水平和效率的提升；真正实现构建满足不同老年人群养老服务需求的分类、分层养老服务体系；真正实现农村全方位、多层次、多样化养老服务精准供给。这些问题亟待研究，本书提出了可行性解决思路。

本书聚焦如何解决农村养老服务精准供给这一问题，在综述现有农村养老服务研究成果，界定老年人、养老服务供给、养老服务需求、农村养老服务和精准供给等相关概念，梳理需求层次、普惠性社会福利、供需平衡、可持续发展、可行能力、公共产品和生命周期等理论基础上，根据研究内容设计了三份问卷和一份访谈提纲。并于 2019 年 8 月至 9 月及 2020 年暑假期间对江西省 11 个设区市部分农村居民及行政村进行实地调查访谈。采集 1002 份农村居民养老服务需求样本数据，378份农村居民养老服务供给样本数据，结合第七次全国人口普查数据、中国统计年鉴和统计公报数据，以及中国健康与养老追踪调查（CHARLS）2008 年、2011 年、2012 年、2013 年和 2018 年数据，并运用文献研究、实地调查、定量分析、案例分析和归纳演绎等方法对预设内容展开研究。

一是运用描述性统计分析对中国人口老龄化现状及趋势（全国老年人口占比、不同省市老年人口分布等中国人口老龄化总体现状，以及各地区老年人口年龄分布、老龄人口困难、老龄人口健康、老龄人口收入、社会救助中老年人口占比等中国人口老龄化异质性现状，老年人口老龄化、健康状况、收入、消费等发展趋势）和农村养老服务供需现状及挑战（农村养老服务供给现状、农村养老服务需求现状、农村养老服务挑战）进行了分析。二是运用聚类分析和加权秩和比法（WRSR）对农村居民养老服务项目需求优先次序进行排序，进而采用多元 Logistic 模型探究农村居民养老服务项目需求的影响因素。三是构建熵权—Topsis 模型对农村养老服务供给水平进行分析，进而建立多元线性模型检验农村居民养老服务项目供给的影响因素。四是采用结构方程模型（SEM）对农村居民养老服务选择意愿的供需影响因素进行分析，包括运用理论模型进行适配度检验和假设检验，探究影响农村居民养老服务供需各变量间的作用机制。五是运用案例分析法对实地调查访谈采集的农村养老服务供需匹配典型案例进行分析，包括东部地区南京市江宁区的"互联网+"农村居家养老服务案例，中部地区江西省新余市的"党建+颐养之家"农村养老服务案例，西北部地区内蒙古自治区乌兰察布市的农村"互助养老服务"案例，等等。

研究结果表明：一是农村养老服务面临基础设施薄弱、项目有待完善、专业人才缺乏、资金投入困难、市场化发展不足、制度不健全、数据调查体系不完善、监管工作不规范等诸多挑战。二是农村老年人口对养老服务方式的需求偏好分为强需求型、一般需求型及弱需求型三类，属于强需求型的有传统家庭养老服务和村委会/社区机构养老服务，属于一般需求型的有公益性社会机构养老服务，属于弱需求型的有雇人上门居家养老和营利性社会机构养老服务。老年人对养老服务方式的选择意愿排序为传统家庭养老>村委会/社区机构养老>公益性社会机构养老>上门居家养老>营利性社会机构养老。农村居民对养老服务项目的需求程度排序为医疗护理>社会参与>精神慰藉>文体娱乐 >生活照料>再就业>法律服务。农村居民对养老服务项目满意程度排序为医疗护理>精神慰藉>生活照料>社会参与>文体娱乐>再就业>法律服务。三是目前农村养老服务供给水平程度依然较低。村集体经济情况、村年人均可支配收入、是否开通了到乡/镇/区/县公交路线、是否有宗族关系（或有大姓）、村邻里关系、村内居民在各级政府事业单位工作人数、村干部受教育程度、村民参与其他公共事务管理的情况等因素，对农村养老服务供给水平有显著正向影响。村到乡/镇的距离、到区/县的距离对农村养老服务供给水平有显著负向影响。四是大多数农村居民更倾向于传统家庭养老服务。养老服务选择意愿的影响因素众多，且影响程度各不相同。受访者所在村的养老服务机构环境、机构服务质量不同程度影响着农村居民对养老服务的选择意愿，其中，养老服务机构环境所起的影响作用大于机构服务质量。政府对养老服务出台相关政策的行为也通过影响养老服务机构的环境、服务质量和农村居民的家庭关系进而间接影响农村居民对养老服务的选择意愿。五是通过对东、中、西三个典型案例分析，可知要提升养老服务供给水平，就必须加强党建引领，夯实养老服务发展基础，完善养老服务基础设施，激发养老服务市场活力，维护养老服务市场秩序，组建养老服务人员队伍，构建医养结合养老服务体系。

基于研究结果可知，一是随着我国人口老龄化及老年人口异质性速度进一步加快，基本养老保障制度实现区域全覆盖、城乡融合发展，以及家庭小型化、子女就业居住异地化、社区功能逐步发挥，多层次、多样化的养老服务供给是今后的必然选择。二是在人口老龄化程度不断加深和人民生活水平逐步提高的背景下，应运用各种手段，整合各方资源加快构建以精准供给为目标的分类、分层城乡养老服务体系，以真正实现老有所养。三是随着全面建成小康社会战略目标的最终实现，我国社会保障制度由生存型向发展型、幸福型转变又是亟待解决的问题，而发展型、幸福型养老依赖完善的养老服务供给体系。

因此，本书提出运用现代技术促进养老服务需求精准识别，加强党建引领，助推农村养老服务发展，壮大农村集体经济，筑牢养老服务根基，构建"一核多元"养老服务协同供给体系。全方位建设农村养老服务人才队伍，建立健全养老服务监督与评估机制，促进农村民主自治，凝聚养老服务供给力量，推动基本养老服务法律法规制度完善，推进农村医养结合养老服务模式发展等政策落实，以真正构建满足不同老年人群养老服务需求的分类、分层养老服务体系，提供农村全方位、多层次、多样化养老服务精准供给的中国模式。

目 录
CONTENTS

第一章

绪　论

第一节　选题背景及研究意义

一、选题背景

"十四五"规划对应对人口老龄化国家战略和完善养老服务体系进行了决策部署和发展规划，为今后一个时期我国养老服务的发展指明了方向和进路，即实现我国亿万老年群体享受优质养老服务、安享晚年，使养老服务体系和供给结构变得更加完善、合理①。党的二十大报告也进一步指出，"实施积极应对人口老龄化国家战略，发展养老事业和养老产业，优化孤寡老人服务，推动实现全体老年人享有基本养老服务"，可见党和国家对养老服务的重视。而当前我国面对快速老龄化进程和老年人口异质性突显的现实，养老服务产业和事业的发展又出现供需矛盾与供需结构矛盾激增和叠加的现象，尤其是由于农村城镇化进程加快，

---

① 来源于《国民经济和社会发展第十四个五年规划和 2035 年远景目标纲要》，2021年。

农村青壮年人口大量流入城市，养老服务供需矛盾与供需结构矛盾更显突出。面对国家战略部署和现实发展差距，如何解决，亟待深入研究。

1999年，我国60岁及以上老年人口占总人口的比重达10%，正式进入老龄化社会。党的十九届五中全会首次将应对人口老龄化上升为国家战略，彰显我国在研判人口发展态势下对老龄工作和养老服务的重视。根据第七次全国人口普查数据，我国60岁及以上人口已经超过2.6亿人，占总人口数的18.70%，65岁及以上人口比例为13.5%，我国的人口老龄化已经处在由轻度向中度演进的阶段，并成为我国现阶段乃至今后较长时期的基本国情。人口老龄化一直是影响国家发展的重要问题，近年来老年人口增长带来的发展压力持续加大，"由谁养，怎么养"成为摆在国家和社会面前的巨大挑战。

同时，在农村地区，劳动力向城镇流入早已成为常态，加之以往的养老服务体系建设重城市、轻农村，使得农村成为人口老龄化背景下养老服务问题解决的重难点地区。2020年国家老龄事业发展公报数据显示，农村60岁、65岁及以上人口比例分别达23.81%和17.72%，较城镇分别高7.99和6.61个百分点。可见，农村养老问题的解决成为积极应对人口老龄化的关键与突破口。自步入老龄化社会以来，我国老龄化增长速度持续加快，老年人口总量持续提高，失能程度持续加剧，老年困难持续加大，高龄化、空巢化、失能化和困难化等特点使得老年人口的异质性进一步突显，加之城镇化快速推进、城乡收入差距绝对值持续扩大，使这些特点在农村尤为突出。此外，近年来农村"空心化"严重影响农村老人的生活安全和生活质量，出现对老年人疏于照顾、突发疾病无人照料等问题，从而使农村老年人口对多元化、多样化养老服务需求激增。

在养老需求与日俱增的同时，养老供给方式也在多样化发展。但多数新型养老方式未能在农村地区得到普及。且由于传统农村家庭养老功能弱化，社会相关养老服务发展滞后，专业照顾劳动力缺乏，等等，现有养老服务方式无法适应农村地区的实际情况。农村居民日益增长的养老服务需求与农村经济水平落后、养老服务有效供给不足等矛盾不断被激化。同时，当前我国农村养老服务在供给总量不足背景下，供需结构性矛盾和潜在需求空间大与现实需求存在缺口之间的矛盾，导致农村居民日益增长的养老服务需求与农村经济水平落后、养老服务供给不足的矛盾出现。这给新时代实现老有所养，实施乡村振兴，坚持农业农村优先发展的战略布局带来了巨大挑战。

为应对我国日益严峻的老龄化问题，老年保障体系的建设不可或缺。面对老年人口异质性的进一步突显并因此产生老年人多样化的养老服务需求，必须基于养老服务需求差异的现实存在，加快构建满足不同老年人群养老服务需求的分类、分层养老服务体系，以使养老服务更有针对性，提高养老服务精准度。在实施供给侧结构性改革及高质量发展大背景下，农村养老服务供给理应坚持精准思维，瞄准农村老年人口的异质性，真正做到供给能力、水平和效率的提升，真正构建满足不同老年人群养老服务需求的分类、分层养老服务体系，建设农村全方位、多层次、多样化养老服务精准供给的中国模式。

二、研究意义

（一）理论意义

在脱贫攻坚取得全面胜利、全面建成小康社会和通向共同富裕的大背景下，随着老龄化不断加深、绝对贫困向相对贫困转化，农村"空心化""高龄化""失能化""少子化"现象突出，基于老年人口异质性，以精准供给为目标，对农村养老服务进行研究，将为国家全方位、分类分层、多样化养老服务供给制度体系设计、优化提供理论依据。同

3

时，农村养老服务理论是养老理论体系尤其是养老服务理论体系的重要组成部分，对其进行研究有利于完善社会保障理论体系，尤其是养老服务理论体系，为养老服务理论的探索提供新的思路和方法，有利于完善、创新供给侧结构性改革理论。通过深入研究和分析农村养老服务的精准供给，为社会保障学科，尤其是养老服务领域提供新的内容和研究成果。本研究成果可以为社会保障学科，尤其是养老服务领域的未来研究方向、问题和挑战提供参考，具有一定的理论指导意义。

（二）实践意义

本研究将为农村养老服务精准供给，提高农村养老服务保障能力及实施效果提供参考价值，为精准化解决农村老年人养老服务问题提供新的思路和方法。通过对如何根据农村老年人的异质性提供精准的养老服务进行研究，为农村养老服务进一步完善提供可行的解决方案和建议，具有实践应用价值。同时对充分整合利用农村养老服务资源，提高农村居民养老服务水平，协调各区域农村居民养老服务工作的开展，适时高效构建农村养老服务体系具有积极的指导意义，将对相关实践领域或实际问题解决产生积极的影响和推动作用。中国式农村养老服务精准供给研究成果可以为养老服务领域以及农村养老服务体系的完善、升级产生积极的影响和作用，具有重要的实践意义。

第二节　研究目标和内容

一、研究目标

通过本研究开展，一是为国家农村养老服务个性需求以政府、社

4

区、非营利组织和企业为供给主体，全方位、分类分层、多样化农村社会化养老服务精准供给制度体系构建提供理论依据。二是为充分整合利用农村养老服务资源，提高农村居民养老服务水平，提高农村养老服务保障能力及实施效果，协调各区域农村居民养老服务工作的开展，适时高效构建农村社会化养老服务体系提供参考。三是助推解决农村养老服务出现供需结构性矛盾和潜在需求空间大与现实需求存在缺口之间的矛盾，从而最终实现农村养老服务分层、分类、精准、高效供给。

二、研究内容

根据以上研究目标，将研究分为十个部分，具体内容如下。

第一部分，通过对选题背景的分析，确定解决农村养老服务供需结构性矛盾、实现农村养老服务精准供给的研究目标，梳理研究内容。通过文献查阅梳理国内外研究现状，为后续理论分析及实证分析部分奠定基础，主要包括有关养老服务供给的研究、有关养老服务需求的研究、有关养老服务供给制度体系建设的研究、有关养老服务供需匹配的研究、有关老年人口异质性的研究，并根据已有研究分析本研究的创新与不足。

第二部分，通过查阅资料对相关概念进行界定，主要包括老年人、养老服务供给、养老服务需求、农村养老服务、精准供给等概念。并通过文献研究对与农村养老服务精准供给有关的理论进行梳理，包括需求层次理论、普惠型社会福利理论、供需平衡理论、可持续发展理论、可行能力理论、公共产品理论、生命周期理论。为实证检验农村养老服务个性需求，农村养老服务精准供给，农村养老服务供需均衡形成机理，及提出农村养老服务精准供给措施、建议，奠定理论基础。

第三部分，首先梳理研究方法，包括文献研究法、实地调查法、定量分析法、案例分析法和归纳演绎法。其次说明研究的数据来源，主要包括通过实地调研和访谈采集的数据；来自国家统计局、全国人口普查等官方网站的官方统计数据；以及其他数据，如采用中国健康与养老追踪调查（CHARLS）2008 年、2011 年、2012 年、2013 年和 2018 年，五年老年人口收入方面的数据进行绘图与分析。

第四部分，首先利用统计数据对中国人口老龄化现状进行分析，具体分为中国人口老龄化总体现状、中国人口老龄化异质性现状两部分，其中又根据地区状况、健康状况、收入状况等进行了差异性分析。其次分析中国人口老龄化趋势，其中又分为老年人口健康、收入、消费和困难情况等，为后续的实证分析厘清现实趋势。

第五部分，首先利用实地调研及调查问卷的数据对农村养老服务需求的现状进行分析，将养老服务需求人群按其异质性进行分类，并进行描述性统计的频数分析及方差分析等。农村养老服务供给现状分析包括农村老年人养老服务选择、农村老年公共基础设施、农村养老服务供给项目和农村养老服务财政补贴等情况，农村养老服务需求现状分析包括总体需求程度、不同物质支持需求和不同精神慰藉需求的差异性分析。其次根据养老服务供需现状，结合农村养老服务现实背景，分析农村养老服务面临的挑战，包括基础设施、服务项目、专业人才、资金投入、养老服务市场化发展、养老服务制度、养老服务数据调查和养老服务监督管理工作等挑战。

第六部分，利用现有统计数据和实地调查数据对农村养老服务需求进行实证分析，包括农村养老服务方式需求的影响因素和农村养老服务内容需求的影响因素。首先利用多元 Logistic 模型分析农村老年人养老服务方式需求受老年人口的异质性，即个体特征、家庭特征、养老服务认知、健康状况、未来预期及地域特征等因素的影响。其次利用聚类分析法及多元回归法分析农村养老服务内容需求优先顺序及影响因素，养老服务需求方个体都有各自的特性及偏好，这将直接影响其对生活照料、医疗卫生、健康保健、精神慰藉、再就业和法律咨询等养老服务内容的需求，尤其影响需求优先顺序。

第七部分，主要利用相关理论和调查问卷数据对农村养老服务的精准供给进行分析。首先结合文献研究及相关理论梳理农村养老服务精准供给的内涵及理论逻辑，并结合深入农村及农村养老服务机构、社区进行实地调研、访谈所获第一手数据、资料，对农村养老服务供给理论逻辑进行分析。其次采用熵权—Topsis 法对农村养老服务供给水平进行评价，并利用线性回归模型探究农村养老服务供给水平的相关影响因素。最后根据农村养老服务的供给水平及影响因素、农村养老服务精准供给的理论逻辑，归纳农村养老服务精准供给的制约因素，主要从需求识别、主体协同、专业人才、评估机制等方面展开。

第八部分，采用常见的结构方程模型（SEM）分析农村养老服务供需均衡及其形成机理。农村养老服务供需受诸多因素的影响，这些因素主要包括需求方因素和供给方因素，需求方因素即老年人口的异质性，又主要包括个体特征、家庭特征、社会资本、社会环境等。供给方因素主要包括政府政策、养老服务特征、养老服务供给主体特征、市场环境特征等。这些因素影响农村养老服务供需均衡及其形成机理，需求方影响因素通过影响养老服务需求者进而影响农村养老服务供需均衡，供给方影响因素通过影响养老服务供给者进而影响农村养老服务供需均衡。

第九部分，对实地调查访谈采集的农村养老服务供需匹配典型案例进行分析。东部地区主要分析南京市江宁区的"互联网+"居家养老服务案例，中部地区主要分析江西省新余市的"党建+颐养之家"养老服务案例，西北部地区选取了内蒙古自治区乌兰察布市的"互助养老服务"案例。通过对我国东、中、西北部不同地区养老服务典型案例分析，探索适应于大部分地区的农村养老服务精准供给方案。

第十部分，主要为农村分类、分层养老服务精准供给提供措施、建议。针对农村养老服务个性需求，农村养老服务精准供给及农村养老服务供需均衡及其形成机理分析得出的结论，推进农村养老服务精准供给体系构建，提出助推以政府、社区、非营利组织及企业等为多元供给主体的分类、分层精准供给农村养老服务的措施、建议。

第三节　国内外研究现状及评述

1865 年法国成为历史上第一个老龄化社会国家，随后瑞典、德国等欧美一些发达国家相继步入这一行列。从此国外展开了对养老服务相关问题的研究，只是直到 20 世纪 40 年代之前，养老服务研究都处于与养老保障研究相伴相生的阶段。随着 William B.（1942）提出"全方位医疗和康复服务"及 20 世纪 60 年代西方国家提出"在合适环境中养老"（Aging in Place）理论，养老服务研究从此蓬勃发展。

相较于国外学者，我国学者对养老服务问题进行研究始于 20 世纪 80 年代中期。有关养老服务的政策也紧随其后。2014 年财政部等下发的《关于做好政府购买养老服务工作的通知》（财社〔2014〕105 号文件），推动了政府购买养老服务工作的加快部署。2017 年党的十九大报告提出"要健全老年人关爱服务体系"，丰富了养老服务的供给方式。2020 年的《国务院办公厅关于建立健全养老服务综合监管制度促进养老服务高质量发展的意见》，将我国养老服务推向了另一个高潮。但早期我国的养老服务研究较为零星，全面研究起步于我国进入老龄化社会的 1999 年前后，并于 2009 年前后开始展开大规模研究，在 2017 年至 2019 年间达到研究的高峰。其中，研究内容多为养老服务方式的种类和选择及其影响因素，主要集中于养老服务供给侧或需求侧，供需匹配的理念尚未完全融入养老服务问题的研究中。根据国内外相关文献，现有国内外关于养老服务的研究主要集中在以下方面。

一、关于养老服务供给的研究

养老服务指的是通过市场手段进行交易，为老年人提供必要的生活服务，满足其物质生活和精神生活的基本需求，具有一般市场经济中商品的属性，且以福利性属性区别于一般商品。因双重属性，学术界倾向探究解决养老服务模式的双重属性选择困境，不够关注养老服务供需匹配耦合与供需结构优化。一方面，大部分研究都阐述和强调了改善农村养老服务供给质量的重要性。何晖（2021）认为要科学理解政府主导型养老模式下政府的作用，丰富政府主导型供给模式的内容和形式。邓大松和丰延东（2021）指出应从优化社区养老服务供给和提高老年人个体反脆弱能力的路径着手，降低老年人生理和心理健康脆弱性。张艳霞等（2021）提出建立多元混合的农村养老保障资金供给体系，强调发挥市场力量，激活金融市场和鼓励个人投入，增强市场和社会力量参与养老服务供给。张艳霞等（2021）列举了江苏省利用财政资金支持、引入市场和社会力量参与养老服务供给经验，并提出借鉴学习探索县乡村三级养老服务网络，实现县乡村多种养老服务供给模式的有机结合。徐拓远和张云华（2021）、周文娟（2021）等从我国养老政策框架和政策优化视角，支持构建高质量农村养老服务供给体系以创造良好农村养老社会环境。

另一方面，部分学者也指出了我国养老服务供给中的不足。总体来看，社会养老服务资源分配不均衡、供给服务利用率低、供需失衡、专业化低等问题突出，真实养老需求得不到切实满足。养老机构服务价格普遍昂贵，城区床位难求、郊区空床空置普遍，护理型机构排队等床、自理型机构入住率低，农村养老机构设备简陋，在数量上、空间布局上不平衡，供给内容单一且不充分，既难吸引也无法服务好有需求的老年人。其中，在农村养老服务供给上，杨勇刚（2017）指出由于农村劳动力外出务工和城镇化等因素，农村建立在传统血缘关系上的养老服务供给能力不断弱化，应通过加紧夯实社会养老服务基础，注重农村养老供给政策创新，构建优质的农村养老服务供给体系。刘宇和唐亚阳（2018）指出农村养老服务供给体系面临家庭供给能力弱化、市场供给失灵、政府供给不足等诸多困境。因此，应尽快改革供给理念，加快优化供给结构，构建协同供给体系，迅速提升农村养老服务供给质量和水平。于书伟（2018）指出农村养老服务供给内容、主体和模式没有及时跟进农民分化和农民养老诉求的差异化，要结合农村社会的发展趋势以及农民养老的多元诉求，提升农村养老服务的有效供给能力。孟沙沙和孙一平（2019）指出农村老龄化形势日益严峻，农村社会养老服务供给已不能适应农村发展，养老服务供给侧结构性改革势在必行。黄俊辉（2019）梳理了新中国成立 70 年来农村养老服务供给的变迁，指出农村养老服务供给的改革方向应集中在扩大服务供给总量、提供适度普惠型养老服务、优化服务供给结构、不断提升服务质量等方面。王雪辉和彭聪（2020）研究发现中国农村社会养老服务供给总体水平偏低，内部结构差异显著，因此，应将提高社会养老服务资源在农村地区配置的公平性和有效性作为农村老龄政策关注的重点领域。

国外学者对于养老服务供给理念的主张突出体现在对普遍主义和剩余主义两种原理的研究上。这两种原理的服务对象不同。普遍主义顾名思义主张获得养老服务的应是全体老年人，而剩余主义则认为应只让穷人或者那些个人及其家庭无法满足自身养老需求的人享受养老服务（Spicker，2014）。两个原理之下的基本养老服务对象及获得养老服务的资格、可以享受到的养老服务项目不同。国外学者依据各国国情，对不同的养老模式进行了分析。Goode W. J.（1970）指出社会现代化进程导致核心家庭数量逐渐扩大并占据主导地位，使家庭养老服务功能弱化。1982年联合国《老龄问题国际行动计划》指出："养老服务的提供多寡及种类应按照老年人的需求来提供。"Stoller（1983）指出居家养老服务最早是英国政府为鼓励老年人留在社区和家庭养老而采取的一种政策措施。Victoria E. B.（1990）提出老年家庭的社区支持服务优于同伴或子女的照顾。1991年《联合国老年人原则》强调老年人应尽可能在家里居住，并应该得到家庭和社区的照顾和保护。Adrian T. 等（2001）指出为老年人提供长期护理服务的绝大多数是独立的养老护理机构。Elizabeth M. R. 等（2007）指出居家养老提供了一种将医疗、精神慰藉等服务内容搬进老年人家里的新型养老思路，这一思路使养老服务更加便捷。Elisabeth W.（2010）对加拿大1889年至今的养老服务模式进行研究之后，发现在其养老服务模式建立过程中，家庭和社区发挥了重要作用。Olga M.（2011）、Annette B.（2013）指出应提倡多元化的养老服务方式，以提高养老服务方式的供给效率；Entwistle 和 Watt（2013）指出财政直接供给基本养老服务能够保证基本养老服务统一定价、服务标准，从而使更多弱势老年群体获得有效的基本养老服务。Chon Y.（2015）从家庭被照护者和服务提供者的角度定性分析了韩国家庭养老服务方式中被照护者与服务提供者之间的关系。David L. Brown 和 Nina Glasgow 等（2018）通过对美国农村社区老龄化相关服务的提供和获取的研究，指出社区机构之间以及社区机构与外部组织之间的伙伴关系促进了农村社区与老龄化相关服务的提供。

也有学者认为社会保障制度的变迁也会影响家庭养老功能的发挥。社会保障制度在一定程度上能够替代家庭养老，社会保障制度越发展、越完善，则家庭养老的功能就相应弱化；相反，社会保障制度越不完善，家庭养老所承担的养老负担就会越重（Brandt M，2011）。

经过理论界与实践界的多年探索，对养老服务方式的未来发展方向基本形成共识，即建设多层次养老服务体系，把居家、社区、机构纳入进来，形成以居家为基础、社区为依托、机构为补充的多层次养老服务体系。牟羡（2007）指出居家养老是家庭养老与社会养老相结合的养老服务方式，对于弥补传统家庭养老服务的不足具有重要的意义。章晓懿和梅强（2011）利用上海市社区居家养老服务的抽样数据，从受访者的个体差异角度分析了影响社区居家养老服务质量的因素。孔祥智（2009）结合所研究地域的实际，分别以人口老龄化或欠发达地区为视角对陕西、山西及广西等地农村居民养老服务方式进行了研究。丁建定（2013）指出居家养老服务要确立尊重老年人选择意愿，社会与政府共同担责等基本理念，坚持自力为主、居家与社区为辅等理性原则。廖楚晖等（2014）选取具有代表性的城市，对这些城市社区居家养老服务的质量进行评价，并指出应大胆探索出一种颇具人性化、多元化和操作性强、可持续发展的居家养老服务模式。睢党臣和彭庆超（2016），于潇和孙悦（2017）指出当前在我国"互联网+"发展快速、人口老龄化日益严峻的背景下，探索"互联网+养老服务"或许能打破现有的发展瓶颈。

二、关于养老服务需求的研究

研究表明，2020年全球60岁及以上老年人年均支出已达15万亿美元，2015—2030年间北美地区消费增长的40%来自老年人（Irving，2018）。继农业经济、工业经济之后，人类进入以信息经济和健康管理为主流的"银色经济"。

在养老服务内容的需求上，国内多以老年人养老服务的选择为角度开展研究，杨敏和钱英（2012）发现养老服务方式选择行为主要受传统观念、经济状况、子女人数、老年人健康状况等因素影响。傅再军等（2014）研究表明：个人、家庭、健康、经济、社会支持是影响空巢老人养老方式选择的重要因素。王晓峰等（2012）指出，老年人的需求主要体现在经济需求、健康需求以及娱乐需求等方面，同时影响经济需求的因素主要是居住类型，影响健康需求的因素主要是性别和居住类型，代际关系和受教育程度对老年人的娱乐需求影响显著。姚兆余等（2018）研究发现不同家庭类型的老年人对居家养老服务的需求不同，核心家庭人口较少，核心家庭的老年人对居家养老服务需求较高，联合家庭人数较多，联合家庭的老年人对居家养老服务需求较低，而主干家庭人数介于核心家庭和联合家庭之间，因此，核心家庭、主干家庭和联合家庭的老年人对居家养老服务的需求逐级递减。侯冰（2019）指出在社区居家养老服务发展中，应以"依赖性"为标准，提升服务对象的靶向、服务内容的识别和供需匹配精准，并采取"短期—长期"两种路径保证优先满足策略的实现。

在影响农村养老服务需求的因素中，多以经济收入、家庭结构、生活照料、精神抚慰、医疗护理、文化娱乐等为研究因素进行分析。当前已有大量的文献实证结果显示，农村养老服务需求与家庭收入、家庭结构、生活照顾、精神慰藉、医疗护理、文化娱乐等因素密切相关。丁煜和朱火云（2021）列举出农村老年人的内生性需求与表达性需求存在矛盾、老年人参与动机不足等农村养老困境的根源，探究激发养老内生需求的必要性。马凤芝和王依娜（2021）总结出新型共同体养老模式，从农村养老需求的"增能"视角为农村养老提供新思路。连芙蓉和贾涵顾（2021）利用中国社会微观调查数据进行研究发现，农村地区在社会转型过程中面临养老需求骤增、养老的价值理性减弱和养老服务非均衡发展等养老需求困境。李远雷和康正（2021）等调查了5省20村，了解农村老年人养老需求现状并分析影响因素，研究发现农村老年人更加注重情感需求和照护需求。这些研究发现揭示了当前农村社会养老服务的需求现状和困境，为进一步满足老年人养老服务需求、改善老年人养老现状提供理论依据，若要统筹分析农村养老服务问题，仅从需求层面分析还不够。王俊文和杨文（2014）指出，农村老年人的养老服务需求具有多样化特征，主要包括护理需求、家政需求以及精神需求三方面，除物质生活以外，老年人更需要的是精神慰藉。孙鹃娟和沈定（2017）研究发现农村老年人对社会养老服务的需求取决于家庭成员态度和支持程度。吕雪枫等（2018）研究发现受教育年限越长、家庭规模越大、养老保险水平越高的农村老年人选择机构养老意愿越低。孙兰英等（2019）研究发现年龄、婚姻状况、家庭年收入、居住情况、对养老机构信任度和健康状况对农村老年人养老决策行为存在正向影响，而照料状况呈现负向影响。李伟（2012）将农村的养老服务需求按需求程度进行排序，认为对经济的需求排在首位，第二位是护理的需求，第三位是医疗的需求，将精神文化的需求排在末位。黄俊辉等（2014）指出，农村老年人对社会养老服务内容有不同的倾向，主要表现在生活护理、精神抚慰、医疗、文化娱乐等方面。年龄和个人收入对社会养老服务意愿有显著的正向影响，而老年人的健康状况及子女数量则有明显的负向影响。李兆友和郑吉友（2016）认为在农村地区，与生活护理相比，老年人对医疗和心理健康的需求更强烈。刘欢（2017）指出生活自理能力、服务需求与家庭贫困显著相关，以农村地区的贫困家庭为对象，为了逐步改善农村养老服务状况，提高老年人的生活质量，优先事项应是满足其经济和健康需要、精准辨识老年贫困和精准援助贫困家庭。孙鹃娟和沈定（2017）指出城市老年人更有可能独立生活或在老年人机构中生活，而农村老年人对老年社会护理服务的需求主要取决于家庭成员的态度和支持。姚兆余等（2018）在家庭类型、代际关系与农村老年人居家养老服务需求中提出，农村地区的老人对家庭养老服务有一定的需求，特别是对医疗、康复、生活护理养老服务需求较大。结果表明：对家庭照料满意度较高的老年人，对家庭养老服务需求较低。

武玲娟（2018）提出，对农村老年人而言，文化资本与身体状况对养老服务需求程度有重要影响。文化资本越低、经济资本越低，身体状况越差、精神状况越差，继而对养老服务需求越高。刘小春（2020）指出农村地区老年人对养老服务需求的优先顺序是医疗卫生、生活护理和精神安慰。唐娟莉和倪永良（2020）认为农村养老服务需求内容中意愿最为强烈的是经济支持、生活照料和医疗保健。经济效益水平和政策法规的完善程度对社会养老需求产生了积极影响，而婚姻状况、子女数量、家庭规模、代际关系、健康状况、政策重点和宣传力度、生活护理评估等对农村社会养老服务需求产生了负面影响。李远雷等（2021）指出农村老年人更加注重情感需求和照护需求。

亦有不少学者对单个地区的老年人养老服务需求进行研究，黄俊辉等（2015）通过对江苏农村老年人的实地调查研究，发现年龄、身体状况、收入、居住方式等因素显著影响农村老年人对养老服务的需求意愿。温凤荣和毕红霞（2016）对山东省农村空巢老人的调查数据进行分析，显示人口特征、子女照护、经济状况、精神状态和外部环境，这五大类十一种因素综合影响农村老年人对养老方式的选择。姚虹和向运华（2017）以恩施市为例，对农村社区居家养老服务需求的区域和群体差异进行了研究，农村空巢老人对医疗保健服务的需求最多，其次为精神慰藉，最后为生活照料。张国平（2014）利用对江苏农村老年人的调查及访谈数据，分析了农村老年人居家养老服务需求的主要表现及特征，农村老年人居家养老服务需求的主要影响因素，并就开展养老服务和制定相关政策提出了建议。

国外研究多从养老服务选择影响因素及服务内容展开。Krauce A. S.（1976），Branch L. G.（1982），Shapiro E.（1985），Jonh A.（1989）等从不同角度分析了老年人选择机构养老的原因及老年人的个体因素对机构养老服务需求的影响。James D. 等（1998）研究发现男性、无配偶、子女数少、生活不能自理的老年人更愿意去机构养老。Gabriele B. 和 Beverly S.（2000）研究发现老年人的养老服务需求主要包括医疗卫生、健康保健、生活照料、再就业和法律咨询服务等。Hugo G.（2001）指出子女外迁会减少老人的生活照料资源，因此子女外迁与家庭照料呈负相关关系。Moroney（2005）指出老年人的照料服务需求包括情感和认知、心理治疗和辅导以及社会支持等服务。Ikuko G.（2007）发现老年人的身体健康状况和经济情况是影响老年人居家养老的重要因素。Jang 等（2008）通过对韩裔美国人的调查发现，愿意入住养老机构的老年人占 45.7%。Ruth（2009）发现由于一些老年服务需求可通过社会福利体系来获取，所以在社会福利水平较高的国家，其家庭养老资源供给能力较弱。Thomas B. 等（2009）发现老年人对除家庭成员以外的服务人员的照顾具有羞愧感，其羞愧程度与对机构养老服务的需求有很大关系。Tom S. 等（2015）分析从德国养老院质量评估处收集到的 542 份样本认为并没有足够的证据证明入住费用上涨是导致需求较低的原因。E. Borowiak（2015）等基于波兰农村老年人的社会护理服务需求要素评估分析认为：健康状况、居住地理环境、正式与非正式护理和人口社会学特征可能是农村老年人居家养老服务需求的影响因素。Tran（2017）等人从老年人护理需求角度出发，为了提升护理人员的护理能力，鼓励患者参与护理计划的制定和执行中，形成了一种"train-the-trainer"的培训模式。Sanka 和 Jo-Anne（2018）研究发现相比医院和养老机构，只要可以提供及时有效的医疗和护理服务保障，老年人就会倾向于选择居住地养老。Won 和 Kim（2018）研究发现韩国老年人是否选择机构养老主要受年龄、月收入、受教育程度、养老储备等因素影响。但 Campbell（2010）认为老年人对基本养老服务的需求不仅局限于居家养老，对社区养老、机构养老的需求逐渐增加，从而政府开始更多关注对不同养老服务模式的支持和购买。

三、关于养老服务供给制度体系的研究

当一国或地区的养老保障解决经济供养之后，最需关注的应是如何为老年人提供更好的养老服务，提高老年人的养老品质，并使养老由最基本的维持生存型养老向发展型、幸福型养老转变，这又有赖于针对老年人口异质性所构建的健全的养老服务体系。伍芷蕾和郁俊莉（2018）将中国社会养老服务政策变迁分为三个阶段，即探索阶段、初始阶段及起步阶段，在探索阶段形成了社会养老价值理念，在初始阶段鼓励社会力量参与发展，在起步阶段引领医养结合服务模式。国内关于养老服务制度体系建立的研究多从政府的角度思考。杨宜勇和杨亚哲（2011）指出在目前的各种养老服务方式中，居家养老因为集家庭养老和机构养老的优点为一体而在各种养老服务模式中脱颖而出，成为新的养老发展趋势。孙文基和单晓敏（2012）总结了江苏财政对社会养老服务体系建设的支持政策，分析了存在问题的原因，提出了促进江苏社会养老服务体系建设的具体对策。韩俊江（2013）指出社区居家养老服务体系是我国未来养老服务的重要发展方向，对于应对人口老龄化和构建社会主义和谐社会有着重要意义。景天魁（2015）指出我国家庭养老服务在责任主体、服务内容、服务方式等方面存在一定的不足，而社区综合养老服务体系则弥补了这些缺陷，将养老服务整合起来，社区综合养老服务体系必将成为有中国特色的养老服务体系。杨翠迎（2015）以问题为导向，基于实际调查与老龄人口养老服务需求预测，提出设计与经济社会发展相适应、满足老年服务需求以及发挥财税政策效能三者相协调的财税政策支持养老服务产业发展顶层框架。

伴随着政府购买公共服务理论与实践在我国的发展，2006 年前后政府购买养老服务及政府在养老服务供给中应承担的责任开始成为学者们研究的重点问题。朱玉知（2008）指出政府购买养老服务实现了治

理理念和服务模式的创新。刘红芹和刘强（2012）指出政府购买居家养老服务是在养老服务中引入市场竞争机制的一种制度安排，对于促进养老服务的供给变革、提升政府的养老服务能力具有重要作用。钱海燕和沈飞（2014）运用 DEA 模型在对地方政府购买养老服务的财政支出效率进行评价的基础上，提出完善政府购买养老服务的政策性建议。陈伴和李从容（2015）运用理论阐述和个案分析相结合的方法设计出政府契约化购买农村居家养老服务模式的发展路径，并指出应从政治问责、契约问责等层面来构建问责关系，以期促进我国政府购买养老服务的发展。毛艳华（2016）针对居家养老服务行业制度缺失等现实问题，构建了政府购买居家养老服务的监管博弈模型，探讨了政府与机构在服务过程中的动机与策略，揭示了我国居家养老行业发展的内在机理。姚兆余（2014）指出：当前必须创新农村社会养老管理体制机制，如服务设施的界定、社会资本的参与、养老服务质量、养老服务队伍建设、老龄服务规范化等，积极培育参与养老服务的社会组织，通过政府采购服务、公开招聘等方式，发挥社会组织在农村养老服务中的作用。王维和刘燕丽（2020）在农村养老服务体系的整合与多元建构中指出，目前我国农村养老体制明显"破裂"，难以应对日益严重的农村年龄危机。应把不同地区老年人的政治、经济、文化条件和个人需求结合起来，促进家庭、机构、社区等不同年龄模式的融合，取长补短，有效整合农村医疗资源，充分发挥农村老年人的主体性、能动性和可及性，建立多层次、多阶段的养老服务综合体系。但是张继元（2019）认为我国养老服务的发展逻辑存在城乡差异，城镇中养老服务政策和社会组织都较好地起到了驱动作用，但在农村中却都存在不同程度的失效现象。白晨和顾昕（2018）对我国地级市的研究结果表明，我国基本养老服务并没有向老龄化程度更高的地区集中，认为一些养老服务需求越高的地区，反而基本养老服务建设能力越低。体现出我国养老服务供给制度建设仍需改进。

养老服务制度体系建设也成为国外学者关注的重点。Siciliani（2013）提出 OECD 国家政府有责任通过建立长期照护制度为老年人享有基本养老服务资源提供制度上的保障，包括建立个人养老账户、个人储蓄、国家医疗保障金和医疗补助等。Pickard 和 Linda（2013）也提出政府作为社会治理主体，有责任向老年人提供相应的基本养老服务以满足老年人的养老需求，并认为一些发达国家通过政府提供的基本养老服务补贴有效减轻了家庭的经济负担。此外，Blank R.（2000）认为应建立多元化养老服务供给体系，那些以追求经济效益最大化的市场主体不愿组织生产公共服务，特别是一些无利可图的准公共服务。Sherry A. C.（2002）指出与机构养老相比，社区提供的照料服务对于居家老年人来说是最便利、最适宜的方式。Garasen H.，Magnussen J.，Windspoll R.（2008），Manuel E.，Thomas P.（2009）指出美国的养老服务体系由三类养老服务机构组成，第一类为普通老年照护机构，第二类为中级老年护理机构，第三类为专业老年护理机构。Daniela C. I. 等（2012）对四个处于不同地理位置的养老机构进行调查研究，提出了应该从立法步骤、员工培训等方面着手来提高养老服务供给体系质量。Maria Teresa Medeiros Garcia（2017）指出要加快改革养老制度，以推动多元化养老服务供给效率的提高。所以 Haynes 等（2010）主张政府加大资金和人力资源上的投入力度、开拓多元的资金投入渠道可以提高基本养老服务供给的质量，政府应该从顶层规划对基本养老服务进行支持，这样更有利于政策的实施。

四、关于养老服务供需匹配的研究

虽然随着当前养老服务主体多元化，较以往养老服务资源增多，但总量不足、碎片化供给和区域不平衡等问题导致现实需要仍然存在缺口，供需匹配存在矛盾。霍艾湘（2021）就目前养老消费供需现状指出，存在供需细分类型错位和供需空间失衡的供需结构矛盾，如何协调与解决该供需矛盾是我国养老服务发展中的重要议题。吴雪（2021）进一步指出供需结构错配的养老服务产业也面临商业模式不成熟、信息共享难等实现智慧化、专业化的桎梏现状。因此平衡养老供需矛盾，阻止农村养老服务低效、劣质陷阱对实现养老产业可持续发展和维护农村社会政治稳定具有重要意义。黄俊辉（2019）指出农村养老服务在新时期的主要矛盾是农村老年人养老服务需求的大幅增长和供给失衡，表现为服务整体供给不足、填补模式的局限性、供需结构性差异显著、服务质量明显下降。为此，应注重扩大整体养老服务供给，提供适度普惠型养老服务，优化服务供给结构，提高服务质量，等等。包世荣（2018）基于养老多元化的发展方向，在借鉴美国商业养老、日本医养结合养老、英国税收筹资养老以及德国社会保险模式等经验的基础上，提出我国完善养老产业链、养老医疗等多位一体化发展，优化长期照护服务市场资金链等政策。张帆等（2019）以长期护理模式中的社区养老模式为研究对象，通过建立动态资金平衡模型定量分析影响社区养老资金保障的具体因素，针对社区养老设施的特殊性提出相关建议。

五、关于老年人口异质性的研究

我国养老服务供需不匹配的主要原因是老年人口具有异质性。许多学者都对这一方面进行了研究。李光和苏娇燕（2022）认为老年人在年龄、地域、健康状况、文化程度、职业背景等许多方面存在着极大的差异。由于异质性的特点，老年人形成了不同的养老意愿，拥有不同的养老机会，具有不同的养老能力，形成了不同的养老需求。吴开霖等（2023）研究得出老年人体力活动有利于减少医疗支出，从而存在明显的经济效益，其中老年人的婚姻关系、配偶生活照料、年龄、配偶情感慰藉、社会保障、生活水平、社区组织活动等变量的不同均会对该经济效益产生不同的调节效应。马妍群（2022）研究发现老年人的医养结合参与意愿各不相同，且会对子女所能提供的养老服务有不同程度的影响。向运华和姚虹（2017）研究发现，性别、婚姻状况、是否有医疗保险，是否有亲人（除了配偶以外）或朋友能长期照顾，对农村老年人生活满意度有显著影响。年龄和社交活动对农村老年人生活满意度影响显著。刘小春等（2022）发现基础性养老服务和扩展性养老服务对老年人生活质量的影响在性别、年龄和居住地类型上具有异质性，需要根据不同老年人群体的需求差异来优化社区养老服务体系。姚兴安等（2021）研究发现随着家庭月收入与文化程度的不断提高，主观规范对老年人采用智慧养老服务的意愿逐渐增强；随年龄不断增加，感知有用性和主观规范对采用意愿更加强烈。蔡阳（2021）通过 ADL 模型分析得出，长期照护型老年人更需要日常生活照料、医疗保健、精神慰藉等方面的服务，健康照护型老年人更需要文化娱乐的满足，短期照护型老年人在获得基本的日常照护基础上也需要丰富的文化娱乐。杨臻华等（2021）发现养老机构老年人的睡眠质量存在异质性，年龄越大、抑郁程度越高、活动参与度越低、疼痛感越强的老年人越有可能出现失眠加重的趋势，社会网络越差的老年人越偏向于持续严重失眠。焦娜等（2021）研究得出老年贫困不仅存在个体差异，也存在区域差异，究其原因，主要是中部和东部地区的经济发展水平、基础设施建设、医疗卫生公共服务和农村人居环境较西北部地区更为优越。

通过学者们的研究得出，我国老年人口的异质性包括性别、年龄、婚姻关系、生活水平、健康状况、文化程度、职业背景等自身条件，既包括配偶生活照料、配偶情感慰藉等社会关系，还包括社会保障、社区组织活动、地域等环境因素，多样化的老年人口异质性造成了我国养老服务的供需不匹配问题，也对健全养老服务体系提出了不小的挑战。

六、国内外文献评述

国内外学者对养老服务进行了大量研究，为养老服务研究领域拓展奠定了坚实的基础，也为研究提供了重要的理论基础和思路借鉴。但纵观国内外现有研究，还存在以下方面有待深入探讨：一是当前农村养老服务出现供需结构性矛盾和潜在需求空间大与现实需求存在缺口之间的矛盾，矛盾的解决极度依赖于根据不断突显的农村老年人口异质性，对农村各种养老服务方式需求及其影响因素的总体考量，对养老服务内容需求优先秩序及其影响因素的考量在现有研究中却很少涉及。二是基于老年人口养老服务个性需求，养老服务精准供给和养老服务制度建设等相互作用，共同影响农村老人养老服务问题的解决，但现有研究很少将以上方面作为一个有机整体进行考量。三是当前老龄化呈现城乡倒置现象，农村老年人口异质性加速突显，而现有研究针对农村养老服务的却相对较少，并且在养老服务资源供给有限的农村地区更应探索基于老年人口异质性的分类分层、全方位、多样化的养老服务精准供给体系，以解决好农村老人的养老服务问题，从而助推乡村振兴及城乡融合发展。这些都为本研究留下了探讨的空间。

第四节　研究思路

本书立足于解决当前农村养老服务供需结构矛盾，细化农村养老服务需求与农村养老服务供给两大矛盾，探究养老服务供需结构矛盾潜在的现实需求与矛盾，利用老年人口异质性理论解决农村养老服务需求的矛盾，利用精准供给的相关理论解决农村养老服务供给的矛盾，基于两种理论，进行养老服务个性需求识别与养老服务精准供给两个实证分析，探寻实现农村养老服务供需匹配的路径，从而最终实现构建一个基于老年人口异质性的中国式农村养老服务精准供给体系。具体思路如图1-1所示。

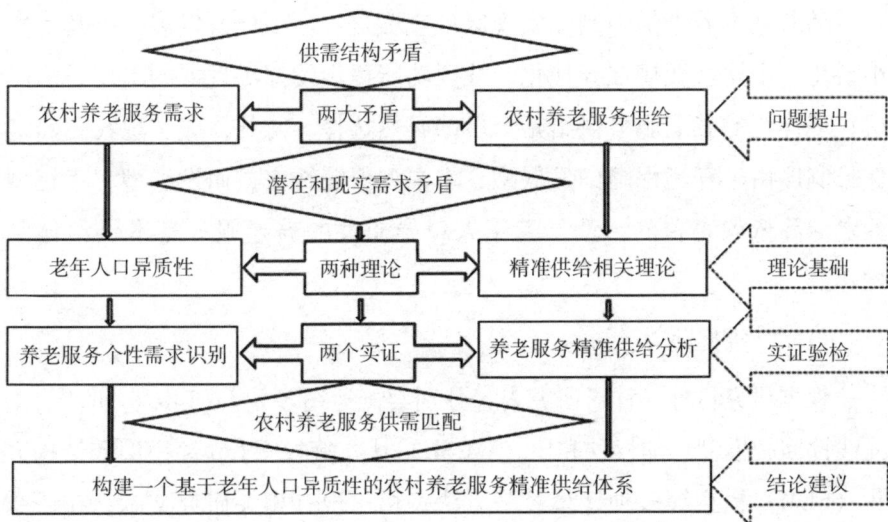

图1-1 研究思路

第五节 研究创新和不足

一、研究创新

（一）学术思想创新

在我国人口老龄化程度不断加深，实施乡村振兴，推进城乡融合发展以及实现共同富裕的新时代背景下，紧紧围绕国家供给侧结构性改革及高质量发展大环境，在养老服务领域适时提出基于老年人口异质性的农村养老服务精准供给，并应用于指导农村养老服务供给实践是学术思

23

想的新突破。

（二）学术观点创新

随着基本养老保障制度实现区域全覆盖、城乡融合发展，以及家庭小型化、子女就业居住异地化、社区功能逐步发挥等现象的出现，多层次、多样化的养老服务供给是今后的必然选择。此外，应实现我国养老保障制度由生存型保障向发展型、幸福型保障转变，而发展型、幸福型养老保障依赖完善的、基于老年人口异质性的养老服务精准供给体系构建。

（三）研究方法创新

根据研究目标，针对研究内容分别尝试运用多元 Logistic 分析法、多元线性回归模型、加权秩和比（WRSR）法、熵权—Topsis 模型和结构方程（SEM）模型等多种计量经济方法，相比现有相关研究文献，在研究方法应用上有新突破。

（四）研究角度创新

根据养老服务供需特征，从老年人口异质性以及养老服务供需平衡的角度切入，研究农村养老服务的供给与需求，以及供需均衡的形成机理，为农村养老服务的研究提供了新的视角。

二、研究不足

（一）研究方法不全面

虽然实证研究中广泛应用了多元 Logistic 分析法、多元线性回归模型、加权秩和比（WRSR）法、熵权—Topsis 模型和结构方程（SEM）模型等研究方法，但是每种方法都有其自身的局限性。再者实证研究模型均较为简单，且不同的研究方法适用于不同的研究内容，文章不能完全保证选择的方法是最为合适的研究方法，可能导致研究结论不太具有说服力，需要进一步完善实证研究方法的选择和运用。

（二）数据收集有不足

通过调查问卷的形式收集数据，问卷的问题设计、问卷数据的效度信度无法尽善尽美，仍然存在一定的不足。且问卷仅涉及中部地区及东部地区的样本，未对西部地区农村养老服务进行问卷调查，虽然有一定的案例作为经验支撑，但依然欠缺一定代表性，导致研究结论的可靠性和有效性受到影响。

（三）研究对象有局限

实证分析部分所引用的数据为对中部地区及东部地区进行的调查问卷，但未对西北部地区进行问卷调查，且研究方向为农村养老服务的供给，对于城市地区借鉴意义不大。因此，后续将进一步拓展研究区域与空间，加大样本和案例采集的区域，使研究结论更具说服力和代表性，使研究更具借鉴意义。

第二章

相关概念和理论基础

第一节　相关概念

一、老年人

"老年人"的特点重在"老"，如何界定"老"是学者以及社会各界争论的热点。德国、奥地利、匈牙利颁布了针对老年人的社会保障政策之后，老年人作为一个特定生命阶段、群体和年龄层在世界范围内从制度上第一次得到了确认。在生活中，人们也常常用"年龄"来表示所在的生命阶段，年龄是指从人们出生时日历上的日期开始计算的人们生活经历的时间跨度，例如0~3岁通常称为婴幼儿期，3~7岁为少儿期，7~14岁为青少年期，等等。我国古时也对人的生命历程进行了年龄界定，根据《礼记》记载："人生十年曰幼，学。二十曰弱，冠。三十曰壮，有室。四十曰强，而仕。五十曰艾，服官政。六十曰耆，指使。七十曰老，而传。八十、九十曰耄，七年曰悼，悼与耄虽有罪，不加刑焉。百年曰期，颐。"可以看出在《礼记》中，"老"的开始是七十岁。世界卫生组织也将老年人用年龄层次划分成不同的老年群体，包括年轻老人（60~74岁）、老年老人（75~90岁）、长寿老人（90岁以上）。我国现行《中华人民共和国老年人权益保障法》第二条中更是从年龄角度规定老年人的年龄界限，即"六十周岁以上公民"。随着经济的发展，医疗水平的提高，人们的寿命发生了变化，再用年龄界定"老"仿佛已经不再合适，那么"老"的界限在哪，以及如何界定，老年人群如何区分学界没有统一的说法。我国古文《说文解字》中以人的身体状态以及生理变化对"老"做出了解释。"老，考也。七十曰老。从人毛匕。言须发变白也。"意思是胡子与头发都已经变白方可称为"老"。现在有学者将人的年龄分为日历年龄、生理年龄、心理年龄，并指出健康状况越来越成为人类寿命的判断标准。也有学者认为判断一个人年老与否，最关键的标准应该是看其生理心理机能和活动能力的衰退程度。根据研究内容，借鉴周利兵（2014）[1] 对老年人的认识，不对老年人做年龄上的定义，而随着年岁的增长，身体、精神功能、运动功能都下降到了一定的程度，才被认为是"老年人"。此时，由于生理心理机能的衰退，老年人就需要外界提供的养老服务来支撑日常生活。

二、养老服务供给

养老服务供给大致由供给主体、供给内容以及供给方式三要素组成，由政府、社区（村委会）、机构及家庭等多元主体携手为老年人提供多样化服务，以便满足老人们的各种养老需求。随着家庭结构的变迁以及 GDP 与人均可支配收入的提高，养老服务供给由最初的单一供给逐渐向多元化转变。在农村地区，家庭仍然是养老服务的首选，而政府

---

[1]　周利兵. 老年人标准的建构与对延迟退休的思考 [J]. 理论学习-山东干部函授大学学报，2014（5）：51-55.

则是养老服务供给的"掌舵者"，它引导着其他社会力量，如养老服务机构、社工组织和非政府组织，共同为农村老年人营造一个良好的养老环境。农村养老服务的供给是指农村养老服务供给主体、供给方式和内容。政府始终是社会保障体系中不可缺少的一环，而"养儿防老"的传统思想在我国农村仍然十分普遍，家庭养老仍然占有很大的比重。随着对农村养老服务的关注不断加深，其供给主体逐步多样化，社会力量的参与使得农村养老服务需求呈现多元化趋势。

三、养老服务需求

养老服务需求是老年人在支付能力范围内所表现出来对养老服务的需要和获取。由于个人身体条件和家庭收入情况等因素不同，老人对养老服务的需求也会存在差异。就家庭收入水平不高的老年人而言，更需要得到政府及其他社会力量给予经济方面的支持以维持基本的生活所需；相反，就身患数种疾病的老人来说，则更希望得到医疗保障方面的服务。基于此，根据农村老人的需求特点，认为农村养老服务需求是指老人因个人及家庭的基本状况不同而产生不同的养老需求，大致分为经济支持需求、生活照料需求、医疗保障需求以及心理慰藉需求这四个方面。

要突破"需要多少服务"的传统观念，并逐渐转变为"需要什么"的思想，农村养老服务的需求可以归纳为经济保障、医疗护理、生活照料、精神慰藉四大类。农村老人的经济收入较少，养老观念不强，使得他们参加社保的人数较少，这是由多种因素造成的。步入老年，患病后，不但在财务上，在医疗上也会给家庭带来多重负担，卫生保健担负着老人的健康保障功能。由于自我照顾能力的降低，农村老人的日常生活需要很难得到满足，同时，部分农村老人常年孑然一人，情绪得不到合理疏导，导致有些老人的心理健康状况越来越差。

四、农村养老服务

自养老服务研究兴起之时，学术界始终未对养老服务给予统一的界定。赵秋成（2016）基于"养老"和"服务"两词的内涵，将养老服务定义为向老年群体提供满足其生活需要和精神需要的一系列社会支持活动的总称①。李俏和许文（2017）认为养老服务是由政府和社会为解决农村老人的生活需要，对他们进行经济供养、生活照料、医疗卫生护理和精神慰藉等方面的一种统称。黄俊辉（2020）则将养老服务视为人的一种需要，是家庭、社区、市场和政府等主体提供用于保障老人生活质量的照料服务②。综合上述观点，本书基于供需视角，认为养老服务是指政府、社区以及家庭等供给主体根据 60 岁及以上的老年群体在物质、精神等层面的基本需求意愿，为其提供各种支持性服务的总称。

农村养老服务是指为农村地区老年人提供必要的生活需要支持的活动。从宏观上讲，为农村老年人提供法律保障，营造良好的政策环境；从微观上讲，不仅包括衣食住行、生活照顾等方面，还包括医疗保健、精神慰藉等方面的内容，涉及面较广。养老是一种非排他性、公平性、全民性的行为，对于个人和家庭养老服务基础薄弱，很难得到基本养老服务需求满足的农村，更多需要通过政府的财政补贴、政策优惠，才能让他们享受到相应的养老服务，想方设法让他们的基本生活得到保障，实现社会和谐稳定的目的。

五、精准供给

精准供给是指根据需求方的有效需求进行针对性、高度契合性的提

---

① 赵秋成. 中国农村养老服务体系建设研究［M］. 北京：清华大学出版社，2016：5.
② 黄俊辉. 政府责任视角下的农村养老服务供给研究［M］. 北京：中国政法大学出版社，2020：33.

供，也即通常所指的供需适配，它是指供需双方的互补或者合作。在社区智慧养老服务中，供需适配是指老年人的服务需要与供给主体提供的服务元素的匹配程度，从而提高供给效率。"适配性"是指两个或两个以上的代理之间的适配程度，而供给和需求的适配则是对供给和需求之间是否相适应的度量。在社区智慧养老服务中，供需匹配是指将供需双方有效地结合起来，努力实现供应对需求进行高效传递，服务满足需求的状态，实现精准供给。

农村养老服务的供需是农村养老服务发展的关键环节，两者之间存在着不可分割的联系。农村养老服务的供给要围绕着老人的需求来进行，而农村的养老服务需求也要由供给主体来提供，唯有两者相结合，才能使农村的养老服务供需达到均衡，实现供需精准适配。

第二节　理论基础

一、需求层次理论

需求层次理论是 1943 年由美国社会心理学家、人格理论学家和比较心理学家亚伯拉罕·马斯洛提出的，属于心理学的范畴，后被广泛应用于社会学、政治学、经济学的研究。马斯洛认为人有五个层次的需要：生理需要、安全需要、爱和归属需要、尊重需要和自我实现需要，这些需要像结构化的整体。生理需要是人们最基础的生存需要，例如人需要吃饭、喝水、睡觉，基本生理需要得不到满足就会死亡，因此是最低级的需要；安全需要也就是所谓的安全感，例如人的生命财产安全，有可供居住的房子、有稳定的工作；爱和归属需要是指人们对与他人建立情感联系的需求，例如同事关系、同学关系、情侣关系；尊重的需要包括两种，即对自己的尊重和对他人的尊重；自我实现的需要指的是通过自身努力实现梦想，取得成功而得到的满足感，是最高层次的需要。马斯洛指出这五种需要都很重要，并且是从低到高依次排列的，构成一种"金字塔"结构。

养老服务的内容主要包括对老人的生活照料服务、医疗护理服务、精神慰藉服务、文化娱乐服务、人际交往服务以及满足老年人自我实现的服务即"老有所为"。农村老年人对各种养老服务的需求与马斯洛需求层次相符合，老年人对生活照料的需求对应需求层次里最基本的生理需要，医疗护理服务的需求对应的是安全需要；精神慰藉和文化娱乐的需求既有对爱和归属的需要也有尊重的需要，人际交往满足老年人对自我与对他人尊重的需要；最后，"老有所为"是满足老年人自身价值得以实现的需要。养老服务需求与养老服务供给密切相关，两者相互影响、相互作用，提高养老服务供给水平必须考虑农村老年人的实际养老服务需求。

根据马斯洛需求层次理论，将农村老年人的需求层次进行逐级划分。一是生理需求，即最基本的需求，主要包括老年人的衣食住行和日常照料；二是安全需求，主要包括生命的安全以及对健康的保障，老年人随着年龄的增长，身体各方面机能都随之下降，身体状况越来越差，对医疗护理水平的要求越来越高；三是社交需求，即爱和归属的期望，农村地区的老年人，子女通常都外出务工、求学或居住，对老年人的关心和照顾不够，老年人希望自己在晚年能有人关心、爱护与陪伴；四是尊重需求，老年人不希望在年老时成为子女的累赘，渴望别人的认可；五是自我实现需求，老年人希望自己"老有所为"，通过自身的努力和创造，期待自身的价值得以实现。

二、普惠性社会福利理论

社会福利有狭义和广义之分，狭义上说，社会福利是指政府通过财政政策等方式，对特定群体进行保障，让他们能够更好地生活，提高他们的生活质量。广义的社会福利，包括各种具体的社会福利制度，但也不只是这些制度的简单相加，而是一系列互相关联的思想主张，以及各种资源、制度、组织、人员、程序、技术安排，支持社会福利制度，保证其正常运转的高度融合，从而能够满足福利对象的需要。

《工业社会与社会福利》一书将社会福利分为补缺型社会福利和制度型社会福利，制度型社会福利是以国家制度为保障，全国公民为目标群体的社会福利，我国的适度普惠型社会福利制度正是这种制度型社会福利制度。早年间，我国的社会福利制度还是补缺型社会福利制度，保障主体主要是生活特困人员。随着经济发展，国家实力增强，我国逐渐向普惠型社会福利发展。普惠型社会福利应具备公平性，即全国所有成员都具有享有社会福利的权利，但由于我国经济发展不平衡，城乡发展不协调，城乡在社会福利的享有程度上存在着一定的差距，农村社会养老服务也是如此。因此在完成补缺型社会福利向普惠型社会福利转变发展的目标过程中，应着重向农村地区倾斜，完善农村社会基本养老服务体系，提高农村社会基本养老保险和养老服务财政支出水平。

三、供需平衡理论

供需平衡模式理论，又叫三种平衡模式理论，是周强（2015）在《新市场经济论》中提出的理论。该理论认为，历史地看，市场经济的供应和需求将经历自然平衡、公平平衡和自由平衡三个平衡阶段，不同平衡模式下，供应与需求的平衡水平是不同的。

供需均衡模型，是指在一个国家或地区，因市场管理水平的差异，造成的各种市场产品供给过剩与需求不足的状况，也就是由投机引起的价格波动。在供需均衡模型下，产品供求关系由两个方面构成：一方面是稳定性，也就是波动的大小和频率。另一方面是充足性，也就是需要满足的人群在总人数中所占的比重，和已经被满足的人的需要水平。其主要模型又包括三种，一是自然平衡模型。根据达尔文法则，以丛林法则为基础的供求均衡格局。在这样的均衡格局中，供需之间存在着巨大的供需失衡，市场上存在着大量的投机行为，市场上出现了剧烈的波动。二是公平平衡模型。以社会环境公正与分配公正为基础的供给均衡模型。在这个均衡模型中，供求关系基本上是均衡的，没有什么投机活动，也没有什么价格的起伏。三是自由均衡模型。根据各尽其能、各取所需而达到供求平衡。在这样的均衡模型中，供求关系达到了完美的平衡，不存在投机行为，也不存在价格的波动。

在资本主义发展的早期，以自然平衡为均衡方式，社会主义成熟阶段以公平平衡为特征，共产主义社会以自由平衡为均衡方式。发达国家和社会主义初期的市场都处在自然平衡向公平平衡过渡的均衡状态。农村养老服务供需就应体现出过渡性的平衡模式，并加快向公平平衡模式推进。

四、可持续发展理论

可持续发展理论以公平性、持续性和共同性作为三项基本原则，在满足当前需求的同时，不损害后代人的需求。可持续发展是可持续发展理论的终极目标。

从具体的内容来看，可持续发展是指可持续经济、可持续生态与可持续社会三者之间的有机结合，这就需要人类在发展过程中注重经济效率，注重生态和谐，注重社会公正，实现人的全面发展。可持续发展强调将社会公正作为一种途径和目的来实现环境保护。可持续发展理论指出，在世界上，每个国家可能处于不同的发展阶段，有不同的发展目的，但是发展的实质应该是提高人的生活品质，改善人的健康状况，建立一个人人平等、自由、受教育、人权、没有暴力的社会环境，即以生态可持续性为基础，以经济可持续性为前提，以社会可持续性为最终目标的社会。以人为中心的自然—经济—社会复合系统的持续、稳定和健康发展，是新世纪人类共同的追求。

可持续发展的目的在于改善人们的生活品质，并与社会的进步保持一致。简单地追求经济总量的增长，不能反映经济社会的发展。学界对"增长"与"发展"的争论已经有多年的历史了。与"经济增长"相比，"经济发展"这一概念更为宽泛和深刻。如果不改变社会经济的结构和一系列的社会发展目标，那就不能称之为"发展"。

农村老年人获得精准化的养老服务供给，即满足其养老服务多样化需求是改善老年人生活质量的重要途径，能够促进社会可持续发展，达成可持续发展理论的目的。

五、可行能力理论

阿马蒂亚·森（Amartya Sen）于20世纪80、90年代提出了他的可行能力方法（Capability Approach）框架。可行能力，就是指个人在一定的社会结构中，有没有充分的权利和自由从事与之相关的功能活动。阿玛蒂亚·森认为实用主义准则的最大缺点在于忽视了分配，忽视了权利、自由等非经济要素，而自由与权利则过于注重过程而不顾结果。"可行性"理论正是基于对上述两种学说的回避，以及对自由权的全面考量而形成的一种公正的价值准则。

该方法实际上对"福利"的概念进行了重新界定，并从一个人的实际能力出发，对其进行了描述。能力方式的中心是，一个人对自己所珍惜的生活的自由追求，可以基于自己的能力采取有意义的行为，并获得有意义的人生状态。阿玛蒂亚·森的可行能力法被认为是一种较为完善的福利分析理论体系，被普遍接受。该方法将构成福利的内涵扩展到效用以外，探讨二者的内在联系，强调以社会福利最大化为最终目的，既要提升个体的效用，又要保障提升自由、平等、个人权利等伦理层面的利益。该理论体现了对社会最底层群体的关怀。农村养老服务供给绝大多数是为处于农村社会最底层群体，即为老年群体提供服务，其中不乏众多失能老人，正体现了一种对社会最底层群体的关怀。

六、公共产品理论

公共产品理论原是经济学中的重要理论，现也被用来解释与指导政治领域的相关问题，公共产品理论最早出现于亚当·斯密的著作《国富论》中，提出了国家力量与市场机制的有机结合。随后公共产品理论逐步发展，被各大学者研究与探讨，最突出的则为萨缪尔森，其用数学的方式表示出了公共产品的最优供给条件，并将公共产品与私人产品做了区分。他提出了区分两种产品的具体维度：消费的非竞争性与受益的非排他性。非竞争性是指"每个人对该产品的消费不减少任何其他人的消费"，非排他性是指有人消费了该公共产品，不论其意愿如何都不能排除其他人对该产品的消费。或者说想阻止他人消费此公共产品在技术上是困难的，既缺乏可行性，成本又高。完全具有非竞争性与非排他性的是纯公共产品，完全具有排他性与竞争性的是私人产品。那么介于这两者之间还有一种产品为准公共产品，即具有不完全的非竞争性与非排他性。

（一）纯公共产品

纯公共产品，是指那些具备非分割性、非排他性和非竞争性特质的产品，这些产品可以被整个社会共同消费，例如国防、行政管理和基础科学等领域，包括学术研究、社会科学探究、法律制定、司法程序以及环境保护等多个领域。任何一个人对该产品的消费都不减少别人对它进行同样消费的物品和劳务，一般通过纳税间接购买而被动消费，消费时无法分割，只能由政府提供。纯公共产品不仅包括物质产品，同时还包括各种公共服务，既包括物质方面也包括精神方面，除可供公共消费的物质产品外，政府为市场提供的服务，包括行政和事业方面的服务也是公共产品。

（二）准公共产品

准公共产品一般具有有限的非竞争性和非排他性，具有一定程度的拥挤性，部分间接购买，部分直接购买，消费时可以部分分割，政府和私人都可以提供。准公共产品可以分为三种类型，首先是那些非排他性和非竞争性不足的准公共产品，这些准公共产品通常具有较强的特性，尽管它并不是排他性的，但在消费方面展现出了一定程度的竞争力，这种竞争力低于像教育这样的私有产品。第二类是非竞争性和非排他性不足的公共产品，属于公众的商品，这类准公共产品具有消费上的非竞争性，同时又具有一定的消费排他性，但弱于私人产品，例如交通、养老服务等，由于其具有非竞争性，因而最适宜的方式是由非营利的组织进行管理。三是非竞争性且非排他性都不充分的准公共产品，这类准公共产品的共同特点是既有一定的消费竞争性，同时又具有一定的消费排他性①。

（三）私人产品

私人产品是利用市场机制提供的产品或服务，它具有的特征：第一，消费上的排他性。某个私人物品被我消费了，别人就不能再消费、使用它。第二，消费的竞争性。每增加一个单位的私人产品的供给，就

---

① 萨缪尔森．公共支出理论［M］．北京：中国人民大学出版社，2015.

需要增加生产一个单位私人产品所需要的成本。第三，效用上的可分割性。产品可以分割为许多能够买卖的单位，而且其效用只能对为其付款的人提供。私人产品的这三个特征，使得私人产品的生产和消费可以分开，使明确界定产品的所有权有了可能，从而为市场经济的价格机制运行创造了条件①。

农村养老服务是准公共物品，即具有不完全的非竞争性或非排他性，例如，在农村提供的养老服务，村中的每一位老人都可到此享受养老服务，每位老人享受养老服务也不会造成其他老人利益的损失，当然这是在养老服务中心的容量允许时，但是当数量超过服务中心的限度时，其中成员之间的消费行为就会产生"拥挤效应"，老年人享受的养老服务质量会随之下降，这样看来农村养老服务存在一定的竞争性；农村养老服务还具有非排他性的特征，当政府部门或市场提供养老服务时，每个人都可以对其进行消费并且不能阻止他人消费或者说阻止他人消费是很困难的。由于农村养老服务具有不完全的非竞争性或非排他性的特点，在农村养老服务供给中，主体可不局限于政府，提高农村养老服务水平需要政府与社会各界共同关注与扶持，农村养老服务供给如何做到政府与市场合作发力，达到有效供给、供需平衡，公共产品理论为其提供了理论指导。

七、生命周期理论

生命周期主要是指人的生命周期和家庭的生命周期，是指人的出生、成长、衰老、生病和死亡的过程。家庭的生命周期理论开始于20世纪30年代，最早由希尔和汉森提出，它是在综合多个学科的基础上提出来的，20世纪50年代正式运用于家庭工作中，20世纪70年代开始兴盛，代表人物

---

① 李鹏. 公共管理学［M］. 北京：中共中央党校出版社，2010.

是希尔、杜瓦尔。任何家庭都有生命周期，包括生理需求、文化规范、人的愿望和价值观，家庭发展的任务是满足人们成长的需要。

到了20世纪90年代，贝蒂卡特和莫妮卡这两位以代际为导向的家庭治疗专家，将家庭生命周期的理念融合进新的理念中，他们坚信家庭生命的重要性。生命周期理论为我们提供了一个实用的理论框架，用于预测家庭可能会经历的各个发展阶段，并为"家庭问题在历史上的出现"提供了参考。这是一种更加积极关注家庭能力的视角，认为家庭有能力保持稳定和连续，在此基础上，有能力对其结构进行完善和调整。

当谈及个体的生命周期时，埃里克森的个体成长模型最先出现，卡特和莫麦戈得里将个体的成长融入家庭生活，并提出了创新的观点。个体的心理成长阶段模型将一个人的一生分为了婴儿期（0~2岁）、儿童早期（2~6岁）、儿童中期（6~11、12岁）、青春前期（女孩11~13岁，男孩12~14岁）、青春期（13、14岁~21岁）、成年早期（21~35岁）、成年中期（35~50岁）、成年晚期（50~75岁）以及老年期（75岁以上）。将家庭生命周期分为离家和孤身的年轻人、通过婚姻的家庭联合、有年幼孩子的家庭、有青春期孩子的家庭、孩子离家生活以及生命晚期的家庭。而农村老年人正处于个人生命周期中的成年晚期以及老年期，在家庭生活的最后阶段，农村老人逐渐接受了代际间的角色转变。在身体老化的时候保持自己与配偶的机能和收入来源水平；为年轻一辈提供支援，以发挥更重要的作用；在制度上给年长者以智慧与经历，扶持长者，但不要包办取代；处理配偶、手足及其他人的损失，为自己的死亡做好准备。农村养老服务正是基于这种生命周期理论，正处于个人生命周期中的成年晚期以及老年期，家庭周期中的生命晚期的家庭，农村老年人正接纳代际角色的变化，朝着弱势方向发展，必须进行良好的养老服务供给，以弥补其生理上的弱势，保证其生活质量，对生命周期各环节予以尊重。

第三章

研究方法与数据来源

第一节　研究方法

本书探究面向农村所有老年人,为其提供分类、分层、多元化和多样性生活照料、康复护理、精神慰藉、紧急救援和社会参与等设施、组织、人才和技术要素形成的网络,以及配套服务标准、运行机制和监管制度等整体养老服务精准供给体系。对标研究目标,针对研究内容,包括已有文献研究,研究思路梳理,农村养老服务供给与需求的影响因素分析,农村养老服务供需匹配的实证研究,东、中、西部养老服务供给典型案例分析以及最终的政策建议,等等,分别采用了以下几种研究方法。

一、文献研究法

撰写本书前,笔者研究了大量与养老服务供给需求相关的文献,为本书的撰写打下了坚实的基础。在本书的引言与文献综述部分,收集国内外有关养老服务尤其是农村养老服务问题的研究文献,对国内外的研究现状有了初步认识,梳理出农村养老服务及精准供给相关理论,为研究提供理论依据。在设计问卷进行数据收集以及进行文章实证部分的操作时，查阅大量问卷设计文献和实证操作方法书籍，为研究提供了方法选取依据。

二、实地调查法

实地调查以问卷调查为主，辅以个别访谈、座谈会、小型会议等对农村养老服务供需状况进行了解，调查访谈的对象包括农户、社会工作人员、养老服务主管部门、社会养老服务机构人员、社区工作人员等。在问卷调查后，利用调查采集数据构建农村养老服务供需框架，并针对农村老年人口异质性、养老服务供给情况、国家养老服务支持政策等获取数据、资料，为定量分析和实证检验提供充分的证据和数据支撑。

三、定量分析法

在文章的实证检验部分，即第五、六、七、八部分，运用 SPSS、STATA、AMOS 等数据分析软件，分析农村养老服务个性需求、农村养老服务精准供给现状及其效应，以及农村养老服务供需均衡。具体而言，在养老服务需求影响因素的研究中，使用聚类分析以及加权秩和比（WRSR）法对农村居民养老服务项目需求优先次序进行排序，进而采用多元 Logistic 模型探究农村居民养老服务项目需求的影响因素；在养老服务供给影响因素的研究中，首先构建熵权—Topsis 模型对江西省农村养老服务供给水平进行分析，进而建立多元线性模型实证检验农村居民养老服务项目供给的影响因素；在农村养老服务供需均衡及其形成机理分析中，采用结构方程模型（SEM）对农村居民养老服务选择意愿的供需影响因素运用理论模型进行适配度检验和假设检验，探究影响农村居民养老服务供需各变量间的作用机制。

四、案例分析法

除利用问卷调查数据进行实证分析外，笔者在东部地区、中部地区、西北部地区各选取了一个农村养老服务供给典型案例，东部地区选取了江苏省南京市江宁区"互联网+"居家养老服务案例，中部地区选取了江西省新余市"党建+颐养之家"养老服务案例，西北部地区选取了内蒙古自治区乌兰察布市"互助养老服务"案例，对这些案例采取解剖麻雀的方式进行深入分析，为精准供给农村养老服务提供典型案例经验证据。

五、归纳演绎法

针对各部分的研究内容和结论，采用归纳演绎法对实证、案例研究结果进行归纳综合，分析农村养老服务个性需求规律，评价农村养老服务供给状况及效应，探讨农村养老服务供需均衡及其形成机理，为精准供给农村养老服务提出科学、可行的政策建议。

第二节　数据来源

一、养老服务需求数据

根据研究目标及内容，需要对农村养老服务个性需求及其影响因素进行实证分析，这是基于老年人口异质性，分类、分层，多元化、多样性精准供给农村养老服务的基础，而农村老年人养老服务方式需求受老年人口的异质性，即个体特征、家庭特征、养老服务认知、健康状况、未来预期及地域特征等因素的影响。养老服务需求方个体都有各自的特性及偏好，这将直接影响其对生活照料、医疗卫生、健康保健、精神慰藉、再就业和法律咨询等养老服务内容的需求。因此，要分析农村老人对养老服务内容、方式的需求优先次序及其影响因素，以实现养老服务的精准供给。基于此，根据研究内容设计了基于老年人口异质性的农村养老服务精准供给研究入户调查问卷，其内容主要包括被访者个体基本特征、个体劳动特征、拥有生产要素特征、参与度及孤独感特征、家庭特征、社会资本特征、社会环境特征、金融素养特征、对养老服务模式认知及意愿特征和对村（社区）养老服务项目评价特征10个部分。完成问卷设计后，于2019年7月底深入农村进行了预调查，并就问卷存在的相关问题进行修改和调整，最后形成正式问卷。

问卷涉及的养老服务需求内容主要包括生活照料、医疗护理、精神慰藉、法律服务、文体娱乐、再就业、社会参与等大类。具体分为农村中老年人口基本情况，如收入水平、收入来源、养老金补贴；农村老年人拥有的生产要素情况，主要包括拥有的土地、房屋、人力资本、资金和信息资源要素等；此外，从孤独感、娱乐活动等方面体现农村老人精神文化需求；农村医疗设施建设、医疗保险普及等医疗需求。实证检验中则根据数据采集情况及养老服务需求方面的实证检验需要，选择农村居民个体特征、家庭特征、认知需求特征、生产要素特征和经济特征共5类15个变量，各变量定义与赋值如表3-1所示。用于研究检验农村养老服务需求及其影响因素相关内容。

表3-1 变量定义与赋值

变量名称	一级指标	二级指标	变量解释与赋值
因变量	养老需求	急需的养老服务项目	医疗护理=1；社会参与=2；精神慰藉=3

续表

变量名称	一级指标	二级指标	变量解释与赋值
自变量	个体特征	性别	男＝1；女＝0
		年龄	45～59岁＝1；60～74岁＝2；75～89岁＝3；90及以上＝4
		文化程度	小学以下＝1；小学＝2；初中＝3； 高中（中专）＝4；大专＝5；本科及以上＝6
		婚姻状况	婚姻完整（已婚已有配偶）＝1； 婚姻不完整（未婚、离异、丧偶）＝0
		健康状况	有重大疾病＝1；有慢性病＝2；一般＝3； 较好＝4；很好＝5
	家庭特征	儿子个数	0个＝1；1个＝2；2个＝3；3个＝4； 4个＝5；5个及以上＝6
		女儿个数	0个＝1；1个＝2；2个＝3；3个＝4； 4个＝5；5个及以上＝6
		居住情况	独居＝1；与配偶同住＝2；与子女同住＝3； 与配偶和子女同住＝4；与其他亲属同住＝5
		子女孝敬程度	差（非常差、较差）＝1； 一般＝2；好（较好、非常好）＝3
	认知需求特征	养老项目了解程度	差（非常差、较差）＝1； 一般＝2；好（较好、非常好）＝3
		是否担心养老问题	是＝1；否＝0
	生产要素特征	生活水平在本村水平	低等＝1；中等＝2；高等（较高、很高）＝3
		是否拥有土地	是＝1；否＝0
	经济特征	月均收入	1000元以下＝1；1000～2000元＝2； 2001～3000元＝3； 3001～4000元＝4；4001～5000元＝5； 5001～6000元＝6；6000元以上＝7
		主要经济来源	劳动收入＝1；经营收入＝2；养老金＝3

调查问卷最终定稿后，在 2019 年 8 月、9 月以及 2020 年暑假期间对江西省各设区市部分农户进行实地入户调查，为保证样本数据来源的广泛性，在对江西省南昌市、上饶市、赣州市、九江市、宜春市、抚州市、吉安市、景德镇市、新余市、萍乡市和鹰潭市 11 个设区市宏观经济社会发展数据进行分析后，采取随机抽样的方式，针对农村居民展开调查和访谈。整个样本抽样过程分为两个阶段。第一阶段采取配额抽样方式，按江西省 11 个设区市的人口规模数抽取；第二阶段对每个地区按经济发展水平好、中、差进行抽取，具体访谈县（市、区）、乡（镇）、街道、村（社区）。调查访问对象实现了全省 11 个设区市全覆盖，每个设区市的抽样调查样本占总样本的比例则根据其农村人口占江西省农村总人口比例进行配比，具有较好的代表性。本次调查研究对象以江西省内农村中老年人为代表展开，以不同地区的经济水平划分，聚焦于农村中老年人的生活照料需求、精神文化服务需求、医疗服务需求等各方面，采取配额抽样、分层抽样等多种抽样相结合的方式共计调查问卷 1050 份，其中有效问卷 1002 份，样本有效率达 95.4%，数据质量良好。

二、养老服务供给数据

养老服务供给规律及其影响因素是本书重要的研究内容。因此，需要结合深入农村及农村养老服务机构、社区进行实地调研、访谈所获第一手数据、资料对农村养老服务供给理论逻辑进行分析，对农村养老服务供给水平进行评价，探究农村养老服务供给水平的影响因素。根据研究需要，针对养老服务供给设计了《基于老年人口异质性的农村养老服务精准供给研究村（社区）调查问卷》［以下简称《村（社区）调查问卷》］和《基于老年人口异质性的农村养老服务精准供给研究社会养老机构调查问卷》（以下简称《社会养老机构调查问卷》），对江西省部分行政村居家养老服务供给，以及社会养老服务机构养老服务供给情况进行了实地调查，《村（社区）调查问卷》内容主要涵盖被访村庄的人口特征、经济发展特征、交通便捷程度、村干部特征、社会关系特征、村民参与自治情况以及居家养老服务供给情况等方面。《社会养老机构调查问卷》内容主要包括机构基本情况（性质、设施、人力）、机构养老服务供给内容、机构老年人入住情况和机构财务运营情况等方面。

在实证研究中选取村域经济特征、交通便捷程度、社会关系特征、村干部特征、村民参与自治情况作为解释变量。经济特征主要包括村内居民人均年可支配收入、村集体经济效益、是否有优势产业。交通便捷程度主要包括村与乡（镇）的距离、村与县（市、区）的距离、是否开通了公交线路到乡（镇）或县（市、区）。社会关系特征主要包括村内是否有宗族关系（或有大姓）、村内邻里关系、村内居民在各级政府事业单位工作人数。村干部特征主要包括村干部受教育程度、村干部任职时长、对村内事务了解程度。村民参与自治情况主要包括村民参与村规民约制定情况、参与公共事务管理情况。养老服务供给部分的研究主要围绕这些指标展开，具体如表3-2所示。

表3-2 各变量指标赋值情况

变量名称	一级指标	二级指标	变量取值分布
因变量	养老服务供给	居家养老服务供给水平	连续变量
自变量	人口特征	村内60岁及以上老年人口数量	1=100人及以下；2=101~200人；3=201~300人；4=301~400人；5=401人及以上
		村内外出务工人员比例	1=11~20%；2=21~30%；3=31~40%；4=41%及以上

续表

变量名称	一级指标	二级指标	变量取值分布
自变量	经济特征	村内居民人均年可支配收入	1=10000元及以下；2=10001~20000元；3=20001~30000元；4=30001元及以上
		村集体经济情况	1=非常差；2=较差；3=一般；4=较好；5=非常好
		是否有优势产业	1=是；2=否
	交通便捷程度	村与乡（镇）的距离	1=5公里及以下；2=5.1~10公里；3=10.1~15公里；4=15.1公里及以上
		村与县（市、区）的距离	1=11~20公里；2=21~30公里；3=31~40公里；4=41~50公里；5=51公里及以上
		是否开通了公交路线到乡（镇）/县（市、区）	1=是；2=否
	社会资本特征	是否有宗族关系（或大姓）	1=是；2=否
		村内邻里关系	1=互相认识但一般不往来；2=偶尔往来，有事帮忙；3=经常往来、互相关照
		村内居民在各级政府事业单位工作人员数量	1=10人及以下；2=11~20人；3=21~30人；4=31人及以上
	村干部特征	村干部受教育程度	1=初中及以下；2=高中；3=中专；4=大专；5=本科及以上
		村干部工作时长	1=5年及以下；2=6~10年；3=11~15年；4=16年及以上
		对村内事务了解程度	1=非常了解；2=较不了解；3=了解；4=较为熟悉；5=非常熟悉
	村民参与自治情况	村民是否积极参与村规民约制定	1=是；2=否
		村民参与公共事务管理情况	1=基本不参与；2=参与一些；3=积极参与

客观正确的量化指标的选取对分析农村养老服务供给水平至关重要。因此在评价指标设定方面，参照公共产品或公共服务供给水平的衡量指标，并结合农村养老服务内容来确定本研究的量化评价指标。主要对农村养老服务过程中不可或缺的三要素（服务人员、服务项目、服务环境）分块进行指标设计，主要包括养老服务供给人员数量、养老服务供给内容（提供服务项目数量）以及养老服务设施建设情况。养老服务供给部分实际调查访谈问卷 400 份，剔除无效问卷后实际得到可用问卷 378 份，问卷回收有效率 94.5%。

三、其他相关数据

在对老年人进行异质性分析时，需要对老年人口的收入异质性及其趋势进行分析与陈述，因此采用中国健康与养老追踪调查（CHARLS）2008 年、2011 年、2012 年、2013 年和 2018 年五年中老年人口收入方面的数据进行绘图与分析。CHARLS 数据库是北京大学国家发展研究院主导，北京大学中国社会科学调查中心与北京大学团委共同开展执行的大型跨学科数据调查项目，是迄今为止中国健康与养老研究方面比较权威的微观数据库。调查对象是中国 45 岁及以上的中老年人家庭和个人，覆盖中国 150 个县级单位，约 1.2 万户家庭中的 1.9 万人。调查内容包括受访者基本信息、健康状况、医疗服务利用与医疗保险、金融和住房、收入和消费、家庭结构、工作和退休、经济支持和护理等。在数据选择方面，鉴于其收入和消费板块的调查问卷每年都询问了老年人每月的基本收入这一问题，并且明晰了老年人收入的构成，有利于了解所调查年份的老年人口收入情况。在数据筛选方面，剔除了缺失值、异常值和非老年人口的样本，确保数据的准确性和适用性，最终用于老年人口的收入及其增长趋势情况分析。

第四章

中国人口老龄化现状及趋势分析

第一节　中国人口老龄化现状

一、中国人口老龄化总体现状

（一）全国老年人口占比

根据第七次全国人口普查数据显示，中国总人口增长速度在最近十年间持续放缓。2020 年调查数据显示，我国总人口达 14.1 亿人，相较于 2010 年第六次全国人口普查增加了 7205 万人，增长了 0.53%。相较 2000 年第五次全国人口普查，2010 年第六次全国人口普查人口增长数量减少了 185 万，增速降低 0.04 个百分点。而其中的老龄人口数呈现稳步增长的态势，如图 4-1、图 4-2 所示，老年人口占总人口的比例也逐年上升。①

截至 2022 年年末，全国 60 周岁及以上老年人口 28004 万人，占总人口的 19.8%；全国 65 周岁及以上老年人口 20978 万人，占总人口的

---

① 数据来源：中国政府网。

48

图 4-1 2013—2022 年全国 60 周岁及以上老年人口数量及占总人口比重

图 4-2 2013—2022 年全国 65 周岁及以上老年人口数量及占总人口比重

14.9%，如表 4-1 所示。

表 4-1 2022 年年末全国人口年龄构成①

年龄	人口数（万人）	比重（%）
总计	141175	100.00

---

① 数据来源：国家统计局。

年龄	人口数（万人）	比重（%）
0—15 岁	25615	18.1
16—59 岁	87556	62.0
60 岁及以上	28004	19.8
65 岁及以上	20978	14.9

可见，中国人口高速增长的时代已经远去，人口零增长乃至负增长的时代已经到来。再加上城镇化水平增长、受教育程度提高、离婚及不婚率上升等诸多因素导致生育率水平逐年降低，可想而知，在我国经过第一个人口老龄化快速期后，很快会进入下一个人口老龄化加速期。从国际标准看，人口老龄化分为三个时期：轻度期、中度期和深度期。当60 岁及以上人口占总人口比重超过 10%，或 65 岁及以上人口占总人口比重超过 7%时，即可被划分为轻度老龄化阶段；当 60 岁及以上人口占总人口比重超过 20%，或 65 岁及以上人口占总人口比重超过 14%时，即可被划分为中度老龄化阶段；当 65 岁及以上人口占总人口比重超过 20%，或按照 60 岁为标准的划分，超过 30%或 35%时，即可被认为是深度老龄化或高度老龄化社会。

综上，中国老年人口数量增长速度在不断增加，近些年更是呈现出"井喷式"增长，必须加快做好充足的准备，以积极老龄化战略应对人口老龄化问题。

（二）不同省市老年人口分布状况

从第七次全国人口普查数据可以看出，除西藏以外，全国所有省、市、自治区都步入了老龄化社会，并且已有 12 个省市进入深度老龄化阶段，分别是辽宁、吉林、黑龙江、山东、天津、上海、四川、重庆、江苏、安徽、湖南和湖北，主要分布在长江流域、华北和东北地区。在这些省市中，辽宁65岁及以上人口占比高达17.42%，如表4-2所示，老龄化程度位居全国第一，这说明辽宁省正向超老龄化社会迈进。除此之外，东北三省的其他两个省份，吉林和黑龙江的老龄化程度也都超过了15%，表明其超老龄化趋势显著。

表4-2 2020年第七次人口普查全国各省、市、自治区老年人数量及占比①

省市	常住人口数（万人）	60岁及以上		65岁及以上	
		数量（万人）	占比（%）	数量（万人）	占比（%）
北京	2189	430	19.60	291	13.30
天津	1386.6	300.3	21.66	204.6	14.75
河北	7461	1481.2	19.85	1038.8	13.92
山西	3491.6	660.7	18.92	450.5	12.90
内蒙古	2404.9	475.7	19.87	313.9	13.05
辽宁	4259	1095.4	25.72	741.7	17.42
吉林	2407.3	555.1	23.06	375.7	15.61
黑龙江	3185	739.6	23.22	497.3	15.61
上海	2487	581.5	23.40	404.9	16.30
江苏	8474.8	1850.5	21.84	1372.7	16.20
浙江	6456.8	1207.3	18.70	856.6	13.27
安徽	6102.7	1146.9	18.79	915.9	15.01
福建	4154	663.8	15.98	461	11.10
江西	4518.9	762.5	16.87	537.1	11.89
山东	10152.7	2122	20.90	1536.4	15.13
河南	9936.9	1796.4	18.08	1340.2	13.49
湖北	5775.3	1179.3	20.42	842.43	14.59
湖南	6644.5	1321.1	19.88	984.2	14.81

---

① 数据来源：国家统计局。

续表

省市	常住人口数（万人）	60 岁及以上		65 岁及以上	
		数量（万人）	占比（%）	数量（万人）	占比（%）
广东	12601.3	1556.5	12.35	1081.3	8.58
广西	5012.7	836.4	16.69	611.4	12.20
海南	1008.1	147.7	14.65	105.2	10.43
重庆	3205.4	701	21.87	547.4	17.08
四川	8367.5	1816.4	21.71	1416.8	16.93
贵州	3856.2	593.1	15.38	445.6	11.56
云南	4720.9	703.8	14.91	507.3	10.75
西藏	364.8	31	8.52	20.7	5.67
陕西	3952.9	759.1	19.20	526.7	13.32
甘肃	2502	426	17.03	314.8	12.58
青海	592.4	72	12.14	51.4	8.68
宁夏	720.3	97.4	13.53	69.3	9.62
新疆	2585.2	291.6	11.28	200.6	7.76

二、中国人口老龄化异质性现状

（一）各地区老年人口年龄分布情况

我国大陆 31 个省、市、自治区中，有 13 个省市 15~59 岁年龄段人口占比在 65% 以上，占比在 60%~65% 的省市有 15 个，仅有 3 个省市的占比在 60% 以下，如表 4-3 所示。

有 30 个省市 65 岁及以上老年人口比重超过 7%，其中有多达 12 个省市 65 岁及以上老年人口比重超过 14%，只有西藏自治区 65 岁及以上老年人口的比重未超过 7%。

综上所述，中国几乎所有地区的老年人口数量都很多，除西藏外的所有省、市、自治区都步入了老龄化阶段，且有超过三分之一的地区人口正逐渐步入深度老龄化阶段。但我国地域广阔，省份众多，不同地区之间的老龄化发展趋势不一，人口老龄化地区异质性明显。

表4-3 2020年第七次人口普查各地区人口年龄构成① 单位：%

地区	各年龄段人口比重			
	0~14岁	15~59岁	60岁及以上	65岁及以上
全国	17.95	63.35	18.70	13.50
北京	11.84	68.53	19.63	13.30
天津	13.47	64.87	21.66	14.75
河北	20.22	59.92	19.85	13.92
山西	16.35	64.72	18.92	12.90
内蒙古	14.04	66.17	19.78	13.05
辽宁	11.12	63.16	25.72	17.42
吉林	11.71	65.23	23.06	15.61
黑龙江	10.32	66.46	23.22	15.61
上海	9.80	66.82	23.38	16.28
江苏	15.21	62.95	21.84	16.20
浙江	13.45	67.86	18.70	13.27
安徽	19.24	61.96	18.79	15.01
福建	19.32	64.70	15.98	11.10
江西	21.96	61.17	16.87	11.89
山东	18.78	60.32	20.90	15.13
河南	23.14	58.79	18.08	13.49
湖北	16.31	63.26	20.42	14.59
湖南	19.52	60.60	19.88	14.81

① 数据来源：国家统计局。

续表

地区	各年龄段人口比重			
	0~14 岁	15~59 岁	60 岁及以上	65 岁及以上
广东	18.85	68.80	12.35	8.58
广西	23.63	59.69	16.69	12.20
海南	19.97	65.38	14.65	10.43
重庆	15.91	62.22	21.87	17.08
四川	16.10	62.19	21.71	16.93
贵州	23.97	60.65	15.38	11.56
云南	19.57	65.52	14.91	10.75
西藏	24.53	66.95	8.52	5.67
陕西	17.33	63.46	19.20	13.32
甘肃	19.40	63.57	17.03	12.58
青海	20.81	67.04	12.14	8.68
宁夏	20.38	66.09	13.52	9.62
新疆	22.46	66.26	11.28	7.76

（二）中国老龄人口困难状况

目前我国已进入老龄化加速发展阶段，据第七次人口普查数据显示，我国 60 岁及以上人口占比已高达 18.7%。老人由于收入减少，健康恶化，相较于年轻人更容易陷入困难之中。2020 年我国已消除绝对贫困，解决了老人的温饱问题，并全面建成了小康社会。但随着经济社会的发展，信息时代的到来，老人的需求结构正在从生存型向发展型转变，主要从三个方面表现：第一是社会经济发展和人均收入水平的提高，有稳定收入、有一定积蓄、无负担的老年人比例越来越大，他们的购买力不断增强，为发展型需求的增长提供了经济基础。第二是老年人群体特点发生变化。现在的老年人，尤其是以"60 后"为代表的"新老年群体"，不仅关注传统的衣、食、住、行等实物需求，还追求健康、养老等服务需求，以及艺术、体育、娱乐等新需求，即更加注重生活品质和精神需求的满足。第三是政策与市场对老年人群体的重视。政府出台一系列政策鼓励和支持银发经济的发展，为老年人提供更多优质、多样化的产品和服务。同时，市场也积极响应老年人的需求变化，开发适老化技术、设施和产品，满足老年人的不同需求。总之，老年人需求结构从生存型转向发展型是一个多方面、多层次的过程。

　　在面对以上老年人需求结构转变的情况下，由于国家采取措施的不完善，老年人困难状况也逐渐突出。相关研究表明，使用 A-F 因子法测度老年人口多维贫困指标 MPI（Multidimensional Poverty Index），对老年人口多维贫困贡献最高的四个维度分别为信息科技、金融、消费和教育。"信息科技"和"金融"已超越传统贫困中的收入等因素，成为当今社会构成老年人口多维贫困的主要因素。

　　1. 信息科技困难状况。在调查中发现，老人互联网使用比率仅为16.07%，不会使用互联网导致老年人在诸多场景中遭遇不便，也让他们在社会生活中渐渐边缘化。目前，老年人口面临巨大的"数字鸿沟"，如果能够提高互联网在老年人中的普及率，即可在多方面提升老年人口的生活质量，从而构建积极应对人口老龄化的科技基础。

　　2. 金融困难状况。老年人口金融困难程度也较高，各类金融资产持有率均在3.5%以下，金融财富聚集在少部分家庭中，大多数家庭投资不足。进一步拆解，金融资产持有匮乏贡献了10.72%，高于金融素养贡献的6.08%。调查数据显示，持有现金、活期和定期的家庭占比分别为84.5%、48.4%以及19.1%，老年群体事实上有较强的投资潜力，但投资渠道较少。金融供给不平衡不充分和老年人口日益增长的投资需求之间的矛盾，与我国金融体系发展历程较为短暂有关，制约了养老财富向真实投资的转化，既阻碍了老年人口富裕程度的提高，也成为实体经济增长的痛点和堵点。

3. 消费困难状况。老年人口人均消费具有高度集中且左偏的特征，仍有约 26.9% 的老年人口家庭人均日消费小于等于 6 元，处于消费困难状态，他们每天仅保留生存性消费。老年人口消费贫困的成因复杂，首先，大部分老年人养成了非常节俭的消费习惯；其次，对子女的利他行为也使得他们减少自身消费以补贴子女。

4. 教育困难状况。样本中老年人口的文盲率高达 18%，大多数老人的学历为初中及以下，受教育水平低下是老年人口陷入多维贫困的主要原因之一，它不仅与中青年时期较低收入水平有关，还在老年时期在信息科技使用、金融、消费、健康等其他维度方面加重困难。

（三）中国老龄人口健康状况

1. 老年人总体健康情况

2021 年第五次中国城乡老年人生活状况调查数据显示，有超过半数的老年人自评为健康与基本健康，如表 4-4 所示，我国老年人口中有 77.4 万人，自评身体健康状况为健康占比 43.82%；69.5 万人，占比 39.33% 的老年人自评身体健康状况为基本健康，两类健康状况人口占抽样调查老年人总数的 83.15%，表明 2020 年老年人的健康情况比 2010 年有所提高。这也更进一步说明 2020 年老年人口对自身健康状况的感受与评价更好、更加乐观，随着医疗技术的进步，越来越多的老年人处于健康状态。

2020 年我国 60 岁及以上老年人口中，自评不健康的老年人口约有 29.8 万人，占比 12.75%，其中不健康但生活能自理的老年人有 24.6 万，占比 10.41%；生活不能自理的老年人有 5.2 万，占比 2.34%。这一数据与 2010 年我国生活不能自理的老年人口相比，比例有所降低。

表 4-4　2020 年全国老年人口健康状况①　　　　　单位：人

全国老年人健康情况	60 岁及以上人口	健康	基本健康	不健康，但生活能自理	生活不能自理
人数	17658702	7738173	6945041	2455267	520221

2. 不同年龄老年人口的健康状况

老年人口健康状况会随着年龄增长逐渐变差，生活不能自理的老年人数量在 80 岁以后年龄段中明显提高，而 60～90 岁年龄段中，自评健康状况为健康的老年人口比例下降十分明显，自评为生活不能自理的老年人口比例在 70 岁以后年龄段有所提高，而在 80 岁以后年龄段迅速上升，如表 4-5 所示，不同年龄的老年人健康状况差异明显。

表 4-5　2020 年不同年龄老年人健康状况②　　　　　单位：人

年龄	60 岁及以上人口	健康	基本健康	不健康，但生活能自理	生活不能自理
总　计	17658702	7738173	6945041	2455267	520221
60～64 岁	5832034	3544309	1886697	349849	51179
60	1359849	900404	388494	61771	9180
61	1289086	806852	401633	70312	10289
62	1122945	671526	372186	69283	9950
63	1067659	614485	369245	73224	10705
64	992495	551042	355139	75259	11055
65～69 岁	4102100	1983773	1631110	425190	62027
65	909600	482779	338335	77194	11292
66	863273	436199	333817	81709	11548
67	790915	378857	317016	83053	11989

---

① 数据来源：国家统计局。
② 数据来源：国家统计局。

年龄	60岁及以上人口	健康	基本健康	不健康，但生活能自理	生活不能自理
68	772566	354170	317664	87725	13007
69	765746	331768	324278	95509	14191
70~74岁	3285665	1157974	1486618	553276	87797
70	744329	291957	327468	108883	16021
71	618772	225901	279316	98478	15077
72	685585	237859	312606	116730	18390
73	630327	209222	288478	113892	18735
74	606652	193035	278750	115293	19574
75~79岁	2376437	661836	1088881	522731	102989
75	561802	170495	258807	112614	19886
76	515809	149594	237766	108483	19966
77	506245	138981	232730	112230	22304
78	424870	110882	193637	99632	20719
79	367711	91884	165941	89772	20114
80~84岁	1326258	271333	571783	377457	105685
80	375024	83744	165762	101190	24328
81	277616	57675	121007	78156	20778
82	273085	53794	117167	79260	22864
83	220738	42554	93453	64922	19809
84	179795	33566	74394	53929	17906
85~89岁	551616	93290	217857	170520	69949
85	162114	28895	66049	49551	17619
86	132506	22694	53038	40943	15831
87	104238	17368	40892	32310	13668

年龄	60 岁及以上人口	健康	基本健康	不健康，但生活能自理	生活不能自理
88	83506	13524	31877	25979	12126
89	69252	10809	26001	21737	10705
90~94 岁	149441	20740	51084	46290	31327
90	53242	7597	18851	16912	9882
91	35305	4790	12094	10993	7428
92	26953	3752	8920	8262	6019
93	19688	2643	6614	5904	4527
94	14253	1958	4605	4219	3471
95~99 岁	31564	4463	9907	8973	8221
95	10576	1407	3370	3143	2656
96	8054	1119	2449	2306	2180
97	5648	815	1728	1629	1476
98	4346	671	1380	1185	1110
99	2940	451	980	710	799
100 岁及以上	3587	455	1104	981	1047

3. 农村、城镇老年人的健康状况

在农村，自评为健康的老年人口占农村 60 岁及以上人口的 40.42%，基本健康的比例为 39.33%，不健康但生活能自理的老年人口比例为 16.94%，生活不能自理的比例为 3.32%，如表 4-6 所示。

在城镇，自评为健康的老年人口占 60 岁及以上人口的 48.35%，基本健康的占 60 岁及以上人口的 39.33%，不健康但生活能自理的比例为 9.86%，生活不能自理的比例为 2.45%，如表 4-7 所示。

通过对农村与城镇老年人健康状况比例的对比分析，可以看出农村 60 岁及以上人口中健康老年人口的比例比城镇的低，基本健康的比例一样，而不健康的比例农村比城镇高了将近一半。这表明农村老年人口和城镇老年人口的健康状况差异明显。

表4-6 2020年农村老年人健康状况① 单位：人

农村老年人健康情况	60岁及以上人口	健康	基本健康	不健康，但生活能自理	生活不能自理
人数	10087958	4077443	3967187	1708739	334589

表4-7 2020年城镇老年人健康状况② 单位：人

城镇老年人健康情况	60岁及以上人口	健康	基本健康	不健康，但生活能自理	生活不能自理
人数	7570744	3660730	2977854	746528	185632

（四）中国老龄人口收入状况

随着人口老龄化趋势的加剧，了解老年人口的收入情况可以充分体现不同老年人口之间的异质性，可为养老服务需求的精准供给提供数据支撑。

通过调查数据可以看到，老年人口收入来源渠道主要包括6种，如图4-3所示，在60岁及以上老年人口中，劳动收入占总体的21.97%，离退休金（养老金）占比达34.67%，最低生活保障金占比为4.29%，失业保险金只有微弱的0.0056%，财产性收入占总体的0.88%，家庭其他成员供养占比为32.66%，其他来源占比为5.52%。这表明在中国老年人口的收入中，离退休金（养老金）以及家庭成员的供养，也即转移性收入为主要来源，且老年人口收入来源呈现出多元性。

就城镇和农村老年人口收入对比而言，根据《第四次中国城乡老

---

① 数据来源：国家统计局。
② 数据来源：国家统计局。

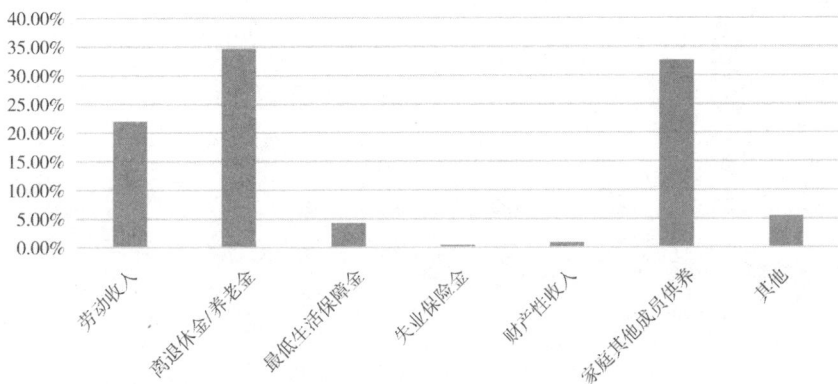

图 4-3　2022 年中国老龄人口收入来源结构①

年人生活状况抽样调查数据开发课题研究报告汇编》相关数据显示，中国城镇老年人口的收入来源中，养老金占比高达 71%，其次是子女亲戚给予收入、工作收入、房租收入、利息收入等，如图 4-4 所示。而对于农村老年人口，养老金仅占 24.10%，子女亲戚给予的收入占比最高，为 25%，其他收入来源主要包括非农工作收入、农业工作收入、土地承包收入等，如图 4-5 所示。城乡之间老年人口收入来源有很大差别，城市老年人口以养老金收入为主，其他收入占比很小；农村老年人口收入来源更广泛，主要有子女亲戚给予收入、养老金收入、非农工作收入和农业工作收入四种，城乡之间老年人口收入异质性明显。

（五）社会救助中老年人口占比情况

截至 2021 年底，我国共认定 5800 多万低收入人口，其中低保边缘人口 431 万人、支出型困难人口 433 万人，除此之外，还有最低生活保障对象、特困供养人员、易致贫返贫人口等群体 5000 万人左右②。

---

① 数据来源：百度网之数据与图。
② 数据来源：中国新闻网。

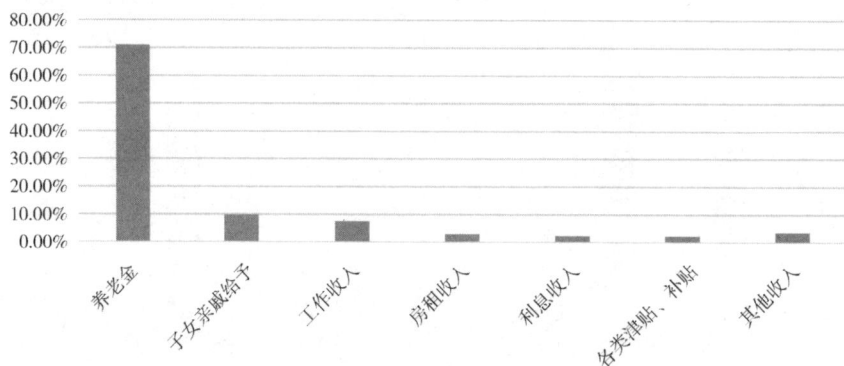

图 4-4　2018 年全国城镇老年人口收入来源结构①

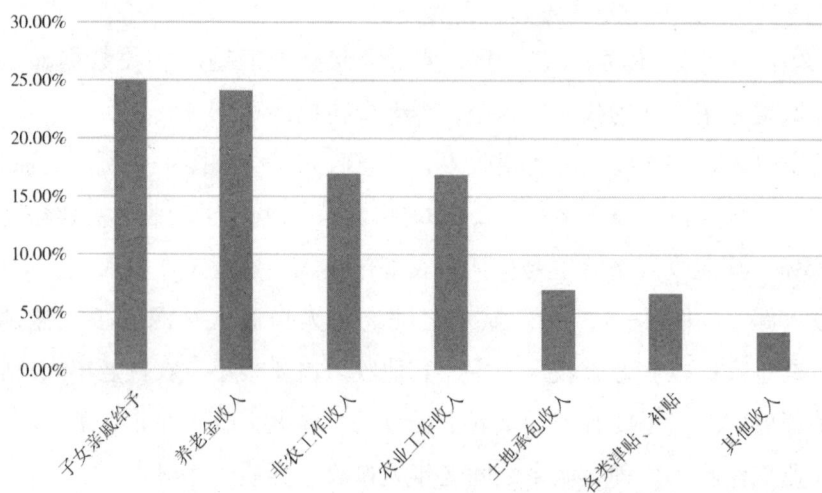

图 4-5　2018 年全国农村老年人收入来源结构②

　　社会救助工作为 60 周岁及以上老年人提供最低生活保障，其中城市 139.5 万人，农村 1284.7 万人；救助供养面向城市救助 60 周岁及以

---

　　① 数据来源：《第四次中国城乡老年人生活状况抽样调查数据开发课题研究报告汇编》。
　　② 数据来源：《第四次中国城乡老年人生活状况抽样调查数据开发课题研究报告汇编》。

上特困供养老年人口 21.6 万，面向农村救助 60 周岁及以上特困供养老年人口 353.2 万。

　　近些年来我国城乡最低生活保障对象人数逐年减少，到 2020 年第三季度，全国城乡最低生活保障对象加特困供养救助人员总人数仅占总人口的 3.5%左右，其中城市最低生活保障对象和特困供养人员已不到城市常住人口的 1%。在城乡最低生活保障人数大幅下降的形势下，城市最低生活保障对象中老年人口的比重逐年增加，如表 4-8 所示，从 2013 年的 15.83%增加至 2019 年的 18.42%，农村最低生活保障对象中老年人口比重更高，2013—2019 年都在 37%以上，2016 年与 2017 年曾经高达 40%以上。

表 4-8　2013—2019 年全国城乡低保对象人数及其中老年人数占比[①]

年份	城市			农村		
	低保人数	低保老人数	占比/%	低保人数	低保老人数	占比/%
2013	21435260	3392967	15.83	53445402	20165417	37.73
2014	20641935	3302718	16.00	53880178	20780811	38.57
2015	18770467	3157500	16.82	52072404	20647701	39.65
2016	17010975	2934761	17.25	49035544	20061001	40.91
2017	14802422	2579514	17.43	45864626	18588539	40.53
2018	10070131	1803589	17.91	35190789	13128626	37.31
2019	8608706	1585864	18.42	34553896	12882407	37.28

---

　　① 数据来源：根据民政部、国家统计局网站数据整理。

第二节　中国人口老龄化趋势

一、老年人口老龄化发展趋势

中国的人口老龄化早在 20 世纪 90 年代就开始了，截至当前，老龄化是中国人口最明显也是最重大的变化特征。至 21 世纪 50 年代后期，老年人口将持续增长，与此伴随着的是老龄化程度的不断加深，这一加深趋势直至 21 世纪末也会持续存在。老年人口的上升速度到 21 世纪后半叶会逐渐放慢。根据预测，60 岁及以上老年人口数量在 2024—2052 年会不断攀升，从 3 亿上升至 5.24 亿，21 世纪中叶之后会缓慢下降，到 21 世纪末将降至 3.88 亿。同时，65 岁及以上老年人口也会从现在的 2 亿增长至 2057 年的 4.36 亿，而后在 21 世纪末降到 3.33 亿。此外，利用第七次全国人口普查数据进行的人口预测与以往人口预测有很大的不同，其中最大的不同在 2048 年，60 岁及以上的老年人口数将超过 5 亿，该数量一直到 2060 年也将继续保持，而以往利用其他数据进行预测的结果都不会超过 5 亿，老年人口峰值也比以往预测多出 4000 万。2100 年 60 岁及以上老年人口数将达到 3.5 亿~4.3 亿。同样，以往的人口预测中 65 岁及以上老年人口数也不超过 4 亿，2100 年为 3.1 亿~3.6 亿。但是本次预测结果表明 2050—2070 年 65 岁及以上老年人口数将超过 4 亿，2071—2085 年在 4 亿左右，之后才会下降。

了解完数量的增长情况，再看老龄化趋势的变化，以 2020 年为基数，分别采用生育率低、中、高情况进行预测，图中可以明显看到 65 岁及以上老年人口占总人口比重呈台阶式攀升，共经历三个阶段，如图 4-6 所示，而 60 岁及以上老年人口占总人口比重的变化过程与之基本相似。根据预测结果可以看到，2035 年 60 岁及以上老年人口比重为 31%～32%，65 岁及以上老年人口比重为 23%～24%；到 2050 年，60 岁及以上老年人口占比为 38%～42%，65 岁及以上老年人口占比为 29%～32%；至 22 世纪，也就是 2100 年，在不同方案下，60 岁及以上老年人口占比分别达到近 40%、50% 和 60%，65 岁及以上老年人口占比分别超过 30%、40% 和 50%。中国人口中度和重度老龄化速度快，即使在生育率较高的情况下，21 世纪后半叶的老龄化程度也将一直居高不下。

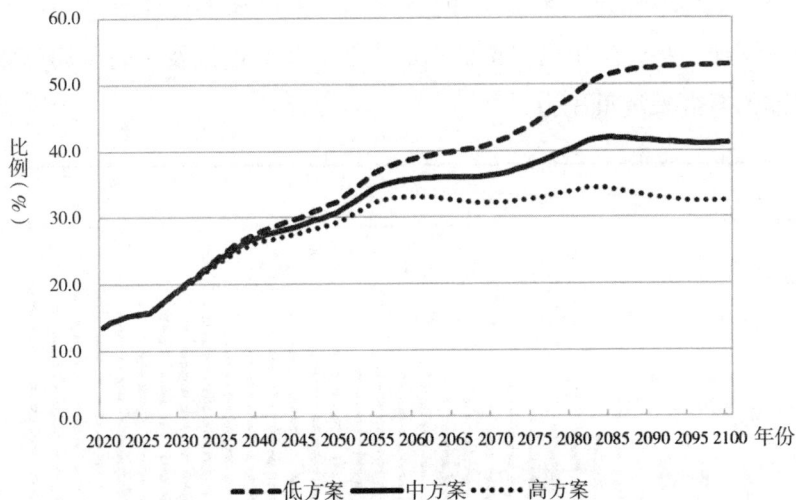

图 4-6　65 岁以上老年人口占总人口比例变化趋势[①]

二、老年人口健康状况发展趋势

依照平均预期寿命的变动规律和发达国家平均预期寿命的变动趋势两项研究结果，预计 2050 年中国不同性别人口平均预期寿命都将有所上升，女性由 2017 年的 80.42 岁上升到近 84 岁，男性由 2017 年的

① 陈卫. 中国人口负增长与老龄化趋势预测 [J]. 社会科学辑刊, 2022 (5): 133-144.

75.62 岁上升到 79.22 岁。但是，预期寿命的延长并不代表老年人的健康寿命也会同步延长。如图 4-7 所示，预测数据显示，2030 年、2035 年、2040 年、2050 年中国具有半自理能力的老年人口数量将分别达到 3320 万、3821 万、4325 万以及 5117 万人，每年平均增长 3%。同时，2030 年、2035 年、2040 年以及 2050 年不具有自理能力的老年人口数量分别为 896 万、1093 万、1291 万以及 1653 万。虽然不具备自理能力的老年人口规模比具有半自理能力的老年人口规模小一些，但其增速很快，每年平均增速为 3.5%。不能自理老年人口和半自理老年人口规模的快速增加，势必给中国目前滞后的老年看护制度以及不完善的公共卫生医疗体系带来沉重压力。

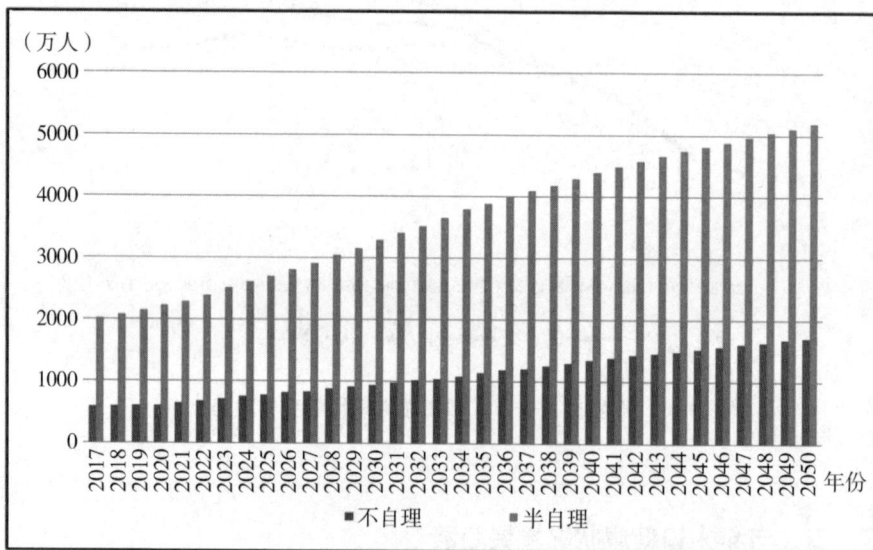

图 4-7 老年人口健康状况发展趋势[①]

---

① 王广州，王军．中国人口老龄化趋势的经济社会影响及公共政策应对 [J]．China Economist，2021，16（1）：78-107.

三、老年人口收入发展趋势

中国老年人口的收入增长趋势受多重因素影响，以下是其增长的可能趋势预判。首先，老年人口收入水平提升。随着中国社会经济的发展和老年人口养老保障体系的完善，老年人口的收入水平将不断提高。例如，从2015年到2020年，中国老年人口平均养老金从2251元增加到了2940元，增加了近1/3。这表明老年人的经济状况正在得到改善。同时，根据中国健康与养老追踪调查（CHARLS）数据显示，我国老年人口的年平均收入由2008年的1453元增长到2018年的2515.5元，10年间增长了73.12%。

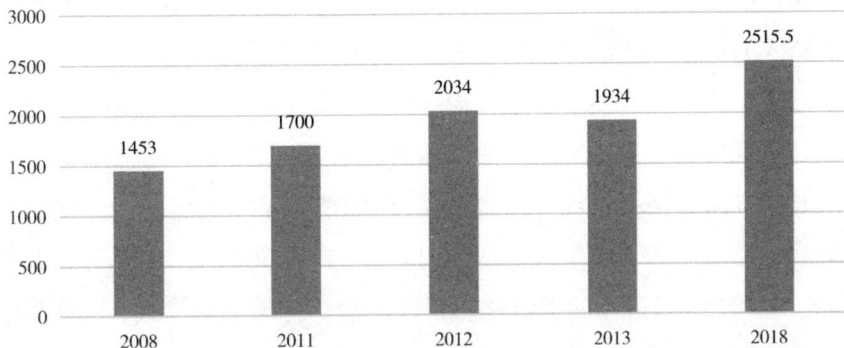

图4-8　老年人口收入增长趋势[①]

其次，老年人口收入来源多样化。过去，老年人口的主要收入来源是退休金或养老金。然而，随着社会的发展，老年人口的收入来源也越来越多样化。例如，一些老年人通过兼职、投资等方式增加收入。此外，一些老年人还通过政府提供的补贴、福利等获得一定收入。

然而，老年人口收入也存在较大差异。由于年龄、性别、职业、地区

[①]　数据来源：中国健康与养老追踪调查（CHARLS）数据库。

等因素的影响，老年人口的收入存在较大的差异。例如，男性老年人口的平均收入往往高于女性老年人口，而城市老年人口的平均收入往往高于农村老年人口。此外，不同职业和地区的老年人口收入也存在差异。

总之，中国老年人口收入发展趋势呈现出多样化、复杂化的特点，收入趋势逐步提高。随着老龄化程度的加深和经济发展水平的提高，老年人口的收入水平将不断提高，收入来源也将越来越多样化。同时，老年人口的消费潜力也将逐渐释放，为"银发经济"的崛起提供有力支撑。

四、老年人口消费发展趋势

《中国老龄产业发展报告（2021—2022）》中指出，随着人口老龄化快速发展，中长期内我国老龄产业重大需求将不断凸显，老龄产业蕴含着巨大的消费市场潜力。据报告显示，2021 年至 2035 年，我国老年人对老龄产业多个方面都有重大需求，比如，老年人用品方面的适老化家具、康复器具等；老年人生活方面的适老化改造、适老化服务等；老年人健康方面的健康管理、慢病管理、照护疗养等；老年人金融方面的老龄金融产品以及老龄产业金融支持等。到 2036 年至 2050 年，随着"70 后""80 后"群体的老龄化，我国老龄产业的消费模式、需求内容会发生较大变化。例如，线上消费将成为老年人也适应的消费模式，精神关怀、终身学习、老有所为将成为老年人的需求内容。

未来，老年人消费趋势会持续向好。从经济学角度看，个人对物质的消费需求在出生后逐步增加，在中年达到顶峰，并在进入老年后逐步减少。但从国际经验看，若老年人口较为富裕，进入老龄化社会意味着消费的提高。《中国老龄产业发展报告（2021—2022）》称，中国老年人口数量居全球各国之首，伴随老年人口特别是新一代老年人口的增多，新的消费空间正在形成。研究预测数据表明，2020 年中国老年人口消费潜力约为 43 724 亿元，占 GDP 总数的 5.25%，这一数字 2050 年可能会达到 406 907 亿元，占 GDP 的比重将上升至 12. 20%。从 GDP 占比的 5. 25%~12. 20%，中国老龄产业潜力无限。

新一代老年人有钱有闲，有望继续维持较高消费水平。新中国成立后第一批婴儿潮出生的人口（即 20 世纪 60 年代初期至 20 世纪 70 年代中期），得益于改革开放红利，其收入水平较高，财富积累较多，有较好的经济基础，有望成为"银发经济"的重要支撑。根据中国人民银行和中国银行研究院的数据，如图 4-9 所示，2021 年 65 岁及以上老年人家庭户均资产 288 万元，而如图 4-10 所示，65 岁及以上老年人家庭户均负债为 25%。同时，随着年轻一代思想观念、生活习惯改变以及家政、保姆、幼托等服务业发展加快，未来老年人将从繁重的带娃生活中解脱出来，更加关注自身生活质量，将更多的时间和金钱投入到享受老年生活当中去，继续成为消费主力军。同时，随着我国银发产业的发展，老年人的消费需求也将得到更好满足。不仅传统的医疗、养老、健康、食品、居住等消费将有所增加，旅游、摄影、兴趣班等文化娱乐消费将成为新一代老年人退休生活的新亮点。

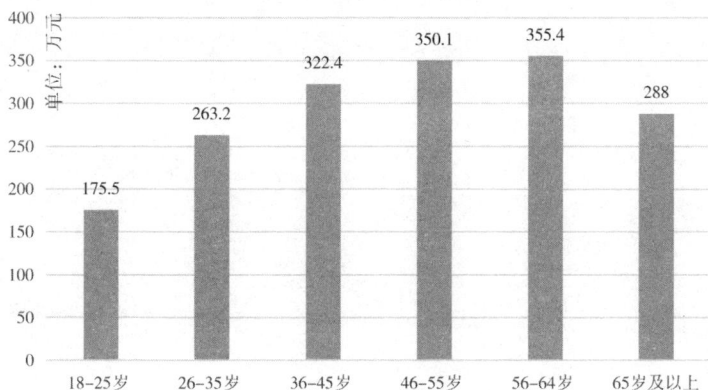

图 4-9　2021 年家庭户均资产情况①

————————

①　数据来源：中国人民银行，中国银行研究院。

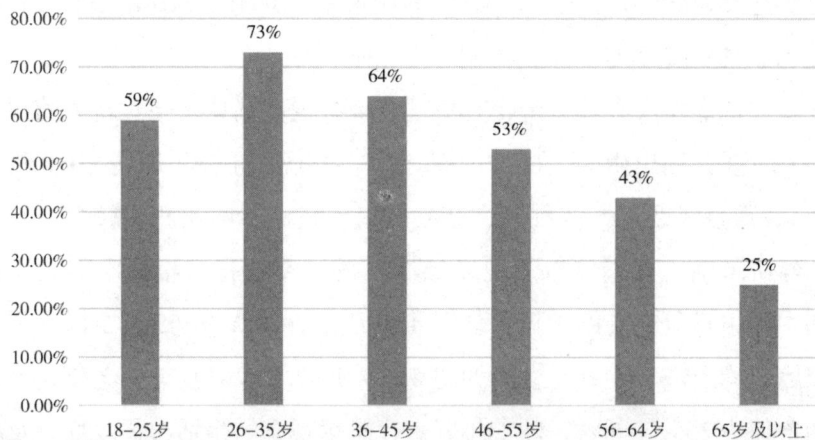

图4-10 2021年家庭户均负债率①

---

① 数据来源：中国人民银行，中国银行研究院。

第五章

农村养老服务供需现状调查及挑战分析

第一节　农村养老服务供给现状调查分析

根据《基于老年人口异质性的农村养老服务精准供给研究村（社区）调查问卷》所采集的样本数据，对当前我国农村养老服务供给现状进行分析，调查共计获得有效问卷 378 份，基于此对农村老年基本（础）设施情况和农村养老服务项目供给内容两方面进行统计分析。

一、农村老年人基础设施情况

农村老年人基础设施的完善与否关系着农村老年人基本生活水平及养老服务的供给水平。调查中主要询问了九种基础设施的供给情况，并将这九种设施分为两大类。第一类是基本生活和公共服务设施，主要包括超市、银行网点、运动场所、阅览室、卫生站以及医疗室等；第二类是养老服务设施，主要包括老年人活动中心、养老服务站以及老年大学等。总体而言，大部分农村地区都建设有运动场所、医疗室、卫生站等基本生活和公共服务设施，设有超市与银行网点的数量较少但也超过半数。就专门的养老服务设施而言，老年活动中心数量较多，已有80%多的村庄具备，还有超过60%的村庄设有养老服务站，但是在绝大多数的村庄中，设有老年大学的极少，除了少数城郊村由于地理位置优势可就近触达城市老年大学之外，其他村（社区）几乎没有或者非常少见。

（一）基本生活和公共服务设施

从图5-1中可以看出，农村中村（社区）医疗室、卫生站、阅览室、运动场所的供给情况良好，基本都超过了85%，其中医疗室的供给情况最优，93.4%的村（社区）均设有医疗室，这体现了农村对医疗健康以及运动娱乐的重视，这对老年人保持健康的身体有很大帮助。相较之下，超市和银行网点的建设供给情况不足，71.4%的村（社区）设有超市，而只有41.8%也就是一半都不到的村（社区）设有银行网点。表明这会导致大部分农村老人存取款困难，并且购买日常生活用品也不是特别方便。

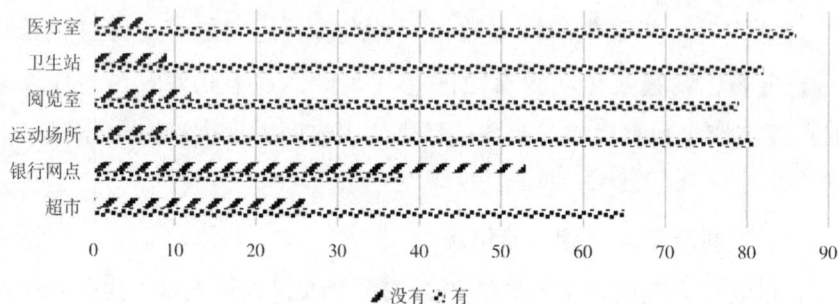

图5-1 农村基础设施情况

（二）农村养老服务设施

除了基本生活和公共服务设施外，养老服务设施的配备对于农村老年人也非常重要，根据农村养老服务供给调查数据如图5-2所示，老年人活动中心数量较多，有83.5%的农村设立了活动中心，可以供老年人休闲娱乐；养老服务站有和没有的比例大致各占一半，有54.9%的农村设有养老服务站；最后是老年大学，该设施的供给比例仅占所有调查对象的9.9%，可见农村的老年大学建设比例很低，这一点需要加快改进与加强。

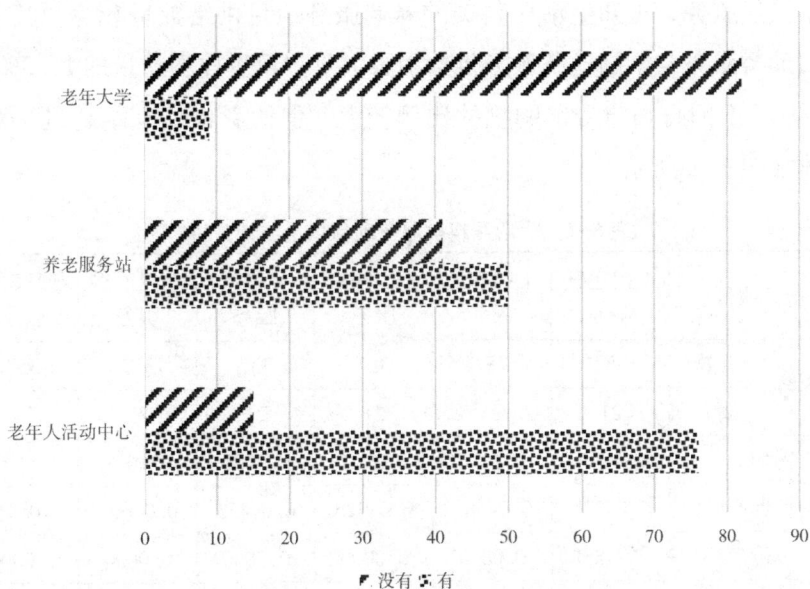

图5-2 农村养老服务设施情况

二、农村养老服务项目供给内容

老年人主体特征的差异性决定了养老服务项目内容的多样性，为满足老年人差异化的养老服务需求，必须提供多样化的养老服务项目。将养老服务项目内容概括为上门送餐、理发、陪护、打扫、助浴等生活照料类服务项目；上门医护、康复训练、保健指导等医疗保健类服务项目；上门聊天、心理咨询、文体娱乐等精神慰藉类服务项目；志愿活动、维修家电、法律金融咨询、紧急救助等其他类服务项目。

（一）生活照料类服务项目

如表5-1所示，生活照料类养老服务项目一共有六项，分别是为上门送餐、上门理发、上门陪护、上门打扫、上门助浴以及帮忙购物，查看众数数据可以大致了解到，其中有五项服务的众数均为0，即没有提供该服务，可知生活照料类的养老服务项目供给数量较少。其中，上门助浴服务与上门送餐服务供给最少，仅占调查样本总量的16.3%和19.8%；上门打扫与帮忙购物的比例较大，但两者也仅刚刚超过半数，具体如图5-3所示。

表5-1　生活照料类服务项目供给统计分析

服务项目		上门送餐服务	上门理发服务	上门陪护服务	上门打扫服务	上门助浴服务	帮忙购物服务
个案数	有效	357	357	357	357	357	357
	缺失	21	21	21	21	21	21
平均值		0.1977	0.2326	0.2907	0.5000	0.1628	0.5233
平均值标准误差		0.04320	0.04582	0.04925	0.05423	0.04004	0.05417
中位数		0.0000	0.0000	0.0000	0.5000	0.0000	1.0000
众数		0.00	0.00	0.00	0.00[a]	0.00	1.00
标准偏差		0.40058	0.42494	0.45675	0.50293	0.37134	0.50239
方差		0.160	0.181	0.209	0.253	0.138	0.252
范围		1.00	1.00	1.00	1.00	1.00	1.00
最小值		0.00	0.00	0.00	0.00	0.00	0.00
最大值		1.00	1.00	1.00	1.00	1.00	1.00

注：①[a]：存在多个众数，显示了最小的值。②"0.00"代表"没有"；"1.00"代表"有"。

74

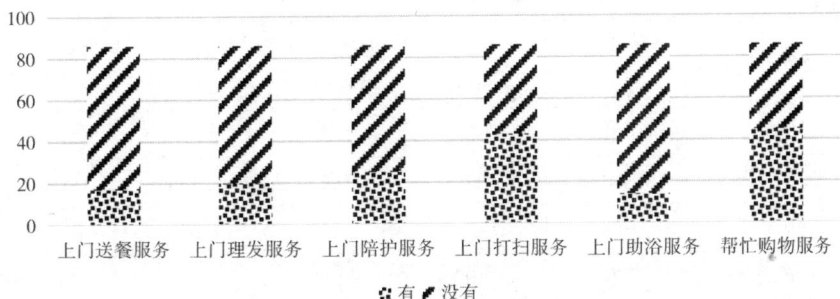

图 5-3 生活照料类服务项目供给情况

（二）医疗保健类服务项目

如表 5-2 所示，医疗保健类服务项目共有五项，分别为上门医护、康复训练、保健指导、定期体检以及健康知识普及服务，从这五项服务的众数及中位数可以看出，上门医护、定期体检和健康知识普及这三项医疗类服务项目供给较多。再如图 5-4 所示，可以清晰地看到每项服务的具体供给情况，其中定期体检服务和健康知识普及服务提供最多，高达 89% 和 80.2%，上门医护服务的供给情况也很好，超过半数以上的调查对象会提供该服务，而康复训练与保健指导这两项服务的供给情况不佳。

表 5-2 医疗保健类服务项目供给统计分析

服务项目		上门医护服务	康复训练服务	保健指导服务	定期体检服务	健康知识普及服务
个案数	有效	357	357	345	378	378
	缺失	21	21	33	0	0
平均值		0.5930	0.3140	0.4699	0.8901	0.8022
平均值标准误差		0.05329	0.05034	0.05512	0.03297	0.04199
中位数		1.0000	0.0000	0.0000	1.0000	1.0000

服务项目	上门医护服务	康复训练服务	保健指导服务	定期体检服务	健康知识普及服务
众数	1.00	0.00	0.00	1.00	1.00
标准偏差	0.49415	0.46682	0.50213	0.31449	0.40055
方差	0.244	0.218	0.252	0.099	0.160
范围	1.00	1.00	1.00	1.00	1.00
最小值	0.00	0.00	0.00	0.00	0.00
最大值	1.00	1.00	1.00	1.00	1.00

注："0.00"代表"没有"；"1.00"代表"有"。

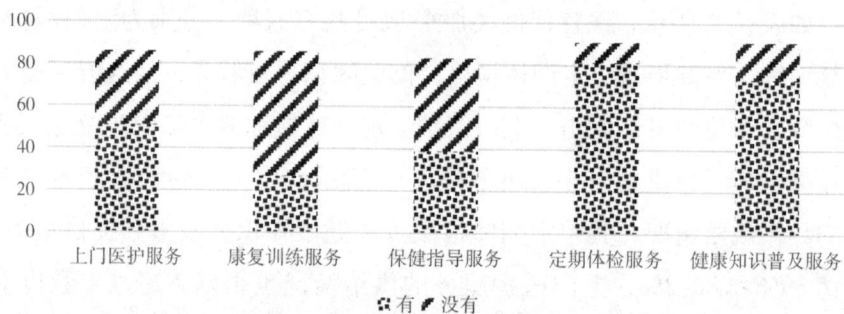

图 5-4　医疗保健类服务项目供给情况

（三）精神慰藉类服务项目

精神慰藉类服务项目一共有四项，分别为上门聊天服务、心理咨询服务、文体娱乐服务和旅行服务。如表5-3所示，只有文体娱乐服务以及上门聊天服务的供给状况比较好，超过半数，即占比在50%以上。通过图5-5可以看出，旅行服务项目的供给最少，仅占总调查数据的18.6%。

表 5-3 精神慰藉类服务项目供给统计分析

服务项目		上门聊天服务	心理咨询服务	文体娱乐服务	旅行服务
个案数	有效	307	307	307	307
	缺失	71	71	71	71
平均值		0.5000	0.4070	0.5349	0.1860
平均值标准误差		0.05423	0.05329	0.05410	0.04221
中位数		0.5000	0.0000	1.0000	0.0000
众数		0.00ᵃ	0.00	1.00	0.00
标准偏差		0.50293	0.49415	0.50171	0.39143
方差		0.253	0.244	0.252	0.153
范围		1.00	1.00	1.00	1.00
最小值		0.00	0.00	0.00	0.00
最大值		1.00	1.00	1.00	1.00

注：① ᵃ：存在多个众数，显示了最小的值；② "0.00" 代表 "没有"；"1.00" 代表 "有"。

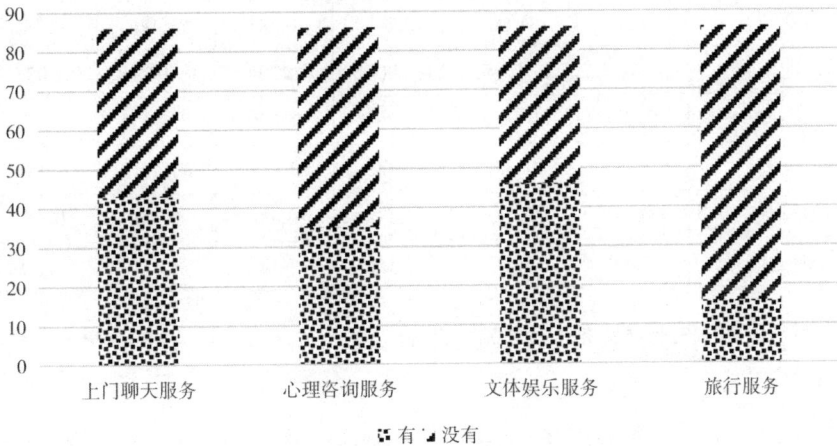

图 5-5 精神慰藉类服务项目供给情况

（四）其他类服务项目

其他类服务项目一共包括六项，分别为组织志愿活动、维修家电服务、相关法律服务、相关金融服务、紧急救助服务和服务热线服务。从表5-4的众数数据中可以看出，其他类型的服务项目供给整体情况一般。如图5-6所示，可以看出组织志愿活动和紧急救助服务项目的供给情况良好，分别为63.7%和60.2%，其余四项服务的供给比率均未超过50%。

表5-4 其他类服务项目供给统计分析

服务内容		组织志愿活动	维修家电服务	相关法律服务	相关金融服务	紧急救助服务	服务热线服务
个案数	有效	325	307	307	307	296	83
	缺失	53	71	71	71	82	23
平均值		0.6374	0.4419	0.4535	0.3488	0.6024	0.4819
平均值标准误差		0.05068	0.05386	0.05400	0.05169	0.05405	0.05518
中位数		1.0000	0.0000	0.0000	0.0000	1.0000	0.0000
众数		1.00	0.00	0.00	0.00	1.00	0.00
标准偏差		0.48342	0.49952	0.50075	0.47940	0.49238	0.50271
方差		0.234	0.250	0.251	0.230	0.242	0.253
范围		1.00	1.00	1.00	1.00	1.00	1.00
最小值		0.00	0.00	0.00	0.00	0.00	0.00
最大值		1.00	1.00	1.00	1.00	1.00	1.00

注："0.00"代表"没有"，"1.00"代表"有"。

同时，从上述四类服务项目的分析与比较中，不难发现，医疗保健类服务项目的供给最为全面，有高达80%以上的服务供给率，但其他三类服务项目的供给率均不高，最高也只是在50%左右浮动，其中生活照料类服务项目的供给率最不理想，六项服务只有两项占比勉强超出50%。

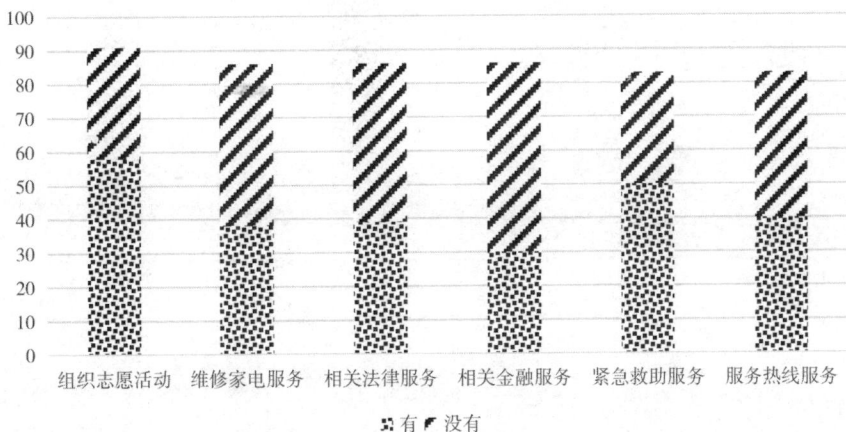

图5-6　其他类服务项目供给情况

三、农村养老服务财政补贴情况

现有研究显示，政府财政补贴能够激发老年人养老服务需求，进而刺激养老服务供给。各地居家养老服务条例都提出为"享受最低生活保障的老年人、特困供养的老年人和符合条件的低收入家庭中的老年人参加城乡居民基本医疗保险所需个人缴费部分提供全额补贴；对特困供养的老年人，根据其自理能力评估确定的类型和等级，给予相应的护理补贴；为80周岁及以上的老年人发放高龄津贴"。根据抽样调查可以发现，农村养老服务财政补贴情况较好，基本完成条例规定的要求。在纳入调查的378个样本村庄中，对符合条件的老年人发放养老补贴、高龄补贴的完成比率高达95%以上，对低收入家庭的老年人参加城乡医保所需个人缴费部分提供全额补贴也有83.5%，如图5-7所示，可见农村养老服务财政补贴状况良好。

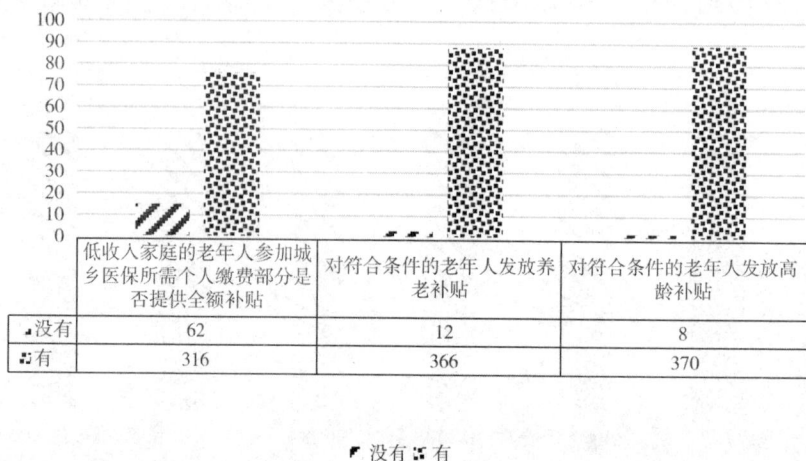

	低收入家庭的老年人参加城乡医保所需个人缴费部分是否提供全额补贴	对符合条件的老年人发放养老补贴	对符合条件的老年人发放高龄补贴
没有	62	12	8
有	316	366	370

 没有 有

图 5-7 农村老年人养老服务相关财政补贴情况

第二节 农村养老服务需求现状调查分析

根据《基于老年人口异质性的农村养老服务精准供给研究入户调查问卷》所采集的数据，进行当前我国农村养老服务需求现状的分析，获得有效问卷数据为 1002 个，通过对老年人关于目前或未来最需要的养老服务项目（内容）选择进行排序，以进行农村养老服务项目（内容）需求现状分析。问卷中共涉及八项养老服务需求，分别为生活照料、护理服务、医疗服务、心理疏导服务、精神慰藉服务、助餐服务、文化娱乐服务及家政服务，问卷要求被访问人从已给的八项养老服务项目中选出最急需的三项，并按照优先次序进行数字 1~3 的排序。通过对问卷中的数据进行描述性统计分析，得到如表 5-5 所示的老年人养老服务项目需求频率表。

由表5-5可知老年人对于养老服务项目的需求偏好。同时,从数据入手将八项养老服务项目需求分为三大类,即强需求型、一般需求型以及弱需求型。

表5-5 老年人养老服务项目需求统计分析

老年人所需服务		生活照料	护理服务	医疗服务	心理疏导服务	精神慰藉服务	助餐服务	文化娱乐服务	家政服务
数量	已排序	956	636	891	98	78	126	147	74
	未排序	46	366	111	904	924	876	855	928
平均值		1.3358	2.3097	2.2144	2.4388	2.6154	2.4841	2.4966	2.2973
众数		1.00	2.00	3.00	3.00	3.00	3.00	3.00	3.00
标准偏差		0.62848	0.53238	0.78329	0.73311	0.56363	0.68974	0.70589	0.80631
方差		0.395	0.283	0.614	0.537	0.318	0.476	0.498	0.650
最小值		1.00	1.00	1.00	1.00	1.00	1.00	1.00	1.00
最大值		3.00	3.00	3.00	3.00	3.00	3.00	3.00	3.00

一、强需求型

依照问卷中的选择与排序,属于强需求型的养老服务项目有生活照料服务、护理服务以及医疗服务。

从众数与已排序的数据量可以看出,如表5-6、表5-7、表5-8所示,生活照料是老年人认为最需要的服务项目,有956人选择了该服务并且为其排序为一的有717人;其次是护理服务项目与医疗服务项目,分别有636人和891人选择这两项为最需要的服务,其中将护理服务项目排为第一需要的有22人,第二需要的有395人,第三需要的有219人;而将医疗服务项目排为第一需要的有198人,第二需要的有304人,第三需要的有389人。因此,可以看出医疗服务项目是老年人认为第二需要的服务,而护理服务项目为第三需要的服务。

表5-6 生活照料服务项目需求情况

数据名		频率	百分比	有效百分比	累积百分比
有效	1.00	717	71.6	75.0	75.0
	2.00	157	15.7	16.4	91.4
	3.00	82	8.2	8.6	100.0
	总计	956	95.4	100.0	
缺失	系统	46	4.6		

表5-7 护理服务项目需求情况

数据名		频率	百分比	有效百分比	累积百分比
有效	1.00	22	2.2	3.5	3.5
	2.00	395	39.4	62.1	65.6
	3.00	219	21.9	34.4	100.0
	总计	636	63.5	100.0	
缺失	系统	366	36.5		

表5-8 医疗服务项目需求情况

数据名		频率	百分比	有效百分比	累积百分比
有效	1.00	198	19.8	22.2	22.2
	2.00	304	30.3	34.1	56.3
	3.00	389	38.8	43.7	100.0
	总计	891	88.9	100.0	
缺失	系统	111	11.1		

二、一般需求型

依照问卷中的选择与排序，归纳为一般需求型的养老服务项目有文化娱乐服务项目和助餐服务项目。

从表5-9、表5-10所示的数据中可以看出，其总量分别为147人和 126 人。其中文化娱乐服务项目的所有排序数据均比助餐服务项目要多，因此在总的八项养老服务项目中，文化娱乐服务项目为老年人第四急需的服务项目，助餐服务项目为第五急需的养老服务项目。

表 5-9　文化娱乐服务项目需求情况

数据名		频率	百分比	有效百分比	累积百分比
有效	1.00	18	1.8	12.2	12.2
	2.00	38	3.8	25.9	38.1
	3.00	91	9.1	61.9	100.0
	总计	147	14.7	100.0	
缺失	系统	855	85.3		

表 5-10　助餐服务项目需求情况

数据名		频率	百分比	有效百分比	累积百分比
有效	1.00	14	1.4	11.1	11.1
	2.00	37	3.7	29.4	40.5
	3.00	75	7.5	59.5	100.0
	总计	126	12.6	100.0	
缺失	系统	876	87.4		

三、弱需求型

依照问卷中的选择与排序，归纳为弱需求型养老服务项目的有心理疏导服务项目、精神慰藉服务项目和家政服务项目。

如表 5-11、表 5-12、表 5-13 所示，从总数看，选择心理疏导服务项目的人最多，共计有 98 人，其次是精神慰藉服务项目 78 人以及家政服务项目 74 人。但是从选择顺序看，将家政服务项目选为第一需要的有 16 人，其次是心理疏导服务项目的 14 人以及精神慰藉服务项目的 3 人，精神慰藉服务项目被选为第一需要的最少；而将精神慰藉服务项目选择为第二、三急需要的人数为 85 人，为三者内最多。

表 5-11　心理疏导服务项目需求情况

数据名		频率	百分比	有效百分比	累积百分比
有效	1.00	14	1.4	14.3	14.3
	2.00	27	2.7	27.6	41.8
	3.00	57	5.7	58.2	100.0
	总计	98	9.8	100.0	
缺失	系统	904	90.2		

表 5-12　精神慰藉服务项目需求情况

数据名		频率	百分比	有效百分比	累积百分比
有效	1.00	3	3	3.8	3.8
	2.00	24	2.4	30.8	34.6
	3.00	51	5.1	65.4	100.0
	总计	78	7.8	100.0	
缺失	系统	924	92.2		

表 5-13　家政服务项目需求情况

数据名		频率	百分比	有效百分比	累积百分比
有效	1.00	16	1.6	21.6	21.6
	2.00	20	2.0	27.0	48.6
	3.00	38	3.8	51.4	100.0
	总计	74	7.4	100.0	
缺失	系统	928	92.6		

由此可以得出结论，就目前的养老服务项目需求现状而言，老年人对于日常生活、穿衣、吃饭以及医疗护理等物质层面服务项目需求较高，而后是心理疏导服务、精神慰藉服务以及文化娱乐服务等涉及精神层面的服务项目。

第三节　农村养老服务挑战分析

一、农村养老服务基础设施薄弱

便捷与完善的公共基础设施是农村养老服务有效供给的基础和前提，当前农村养老服务基础设施建设在各方的努力下加速完善，许多地方积极推进如"颐养之家"养老服务中心等设施在村中的建设与落实，但是农村老年人口对养老服务的需求与养老服务的有效供给还存在一定的差距。

一是已建成的养老服务中心设施较为简陋。例如，在调查某一个村庄的养老服务中心时，发现养老服务中心服务设施涵盖了餐厅、娱乐室、问诊室、医疗室等，但是这些功能分区仅仅是挂了个牌子，养老服务中心仅仅摆放着几张桌椅，娱乐室里也没有摆放娱乐设施，老年人常玩的棋牌也没有提供，问诊室与卫生室也只有简单的一对桌椅和一张卫生床，没有基本的医疗器械，养老服务中心的功能只能供老年人用餐，以及老年人用餐前后的休憩聊天。

二是农村老年大学有待加快建设，精神文化需求有待满足。在被调查访问的村庄中，仅有一个村庄建设有老年大学。老年大学是为老年人提供的满足其自我实现需要的场所，有利于丰富老年生活，提高农村老年人知识素养，填补精神空缺，非常有益于老年人身心健康，是老年人"老有所学"的主要途径，然而现在老年大学的数量少，覆盖范围窄，无法满足所有老年人精神文化需求。

三是场地设施配建难，村（社区）养老服务场地难落实，现有村（社区）养老服务设施及标准难以满足需要。目前，已建成村（社区）

的养老服务设施空间小，功能不齐全，同时基本没有对配套养老服务设施进行布局或预留空间，如今配建养老服务用房非常困难，或因受房屋构造、层高、消防要求等制约，改造难度很大，或由于建设时间久远，不少房屋提供不了产权证明或建设单位竣工验收合格证明，无法通过工程验收。

二、农村养老服务项目有待完善

（一）服务项目品种少

我国养老服务供给的突出问题是服务项目品种少，国外有的国家养老服务项目多达 3 万种，我国只有 600 多种。要按照老年人基本需求和深层需求，努力提供多样化、精细化、标准化、个性化、高品质化服务和商品供给，积极开发新项目、新产品、新模式，丰富和扩大养老服务有效供给。着眼于各类老年人群体的实际需求，建立和完善包括养老设施、专业用品、健康教育、预防保健、疾病诊治、康复护理、长期照护、安宁疗护等多样化、高品质的老年健康服务体系，提高居家村（社区）养老服务的精准度和有效性。健全以居家为基础、村（社区）为依托、机构充分发展、医养有机结合的多层次养老服务体系，扩大适老商品和服务供给，提升商品和服务质量，推动养老服务供给从"有"向"优"和"多"升级。

（二）服务项目质量待提高

除了养老服务的项目数量需要增加，服务项目的完整度与完成质量也需要加强提高。根据关于农村服务项目供给情况的调查，在基本生活照顾方面，能够做到上门送餐服务的村庄仅占所调查访问村庄数量的17%，能够做到上门理发服务的村庄仅占所调查访问村庄数量的23%，能够做到帮助洗澡的村庄仅占所调查访问村庄数量的28.6%，能够做到上门陪护服务的村庄仅占所调查访问村庄数量的 34.3%。对于享受农村居家养老服务的老年人来说,上门服务、助餐、助洁都是最基本的生活需要,然而这些村庄的基本生活照料服务供给状况参差不齐。另外,在农村居家养老服务项目的供给中还存在相较于医疗卫生服务、精神慰藉服务等其他较高层次的养老服务的供给,出现生活照料服务这种满足低层次养老服务需求的供给程度却较低的现象。原因可能是医疗卫生服务属于公共卫生服务范围,精神慰藉服务如心理咨询、关怀巡视较易完成,而上门护理助洁助餐,帮助洗澡这些既专业又复杂,且难以操作的服务工作较难完成,并且需要拥有专业护理知识的人员进行服务,而农村地区条件简陋,经济落后,提供这些生活照料服务较为困难。因此,出现老年人最需要的养老服务项目却最难实现的现象,这些都深刻反映出我国农村居家养老服务项目内容的完善与实施还需进一步加强。

(三)服务方式不够灵活

现阶段,市场化养老服务机构主要提供住宿服务,而个性化养老服务产品如上门助餐、上门护理等个性化养老服务产品仍然较为缺乏。另外,农村老年食堂主要给老年人提供集中就餐服务,而对于助浴、陪伴等养老服务则供给不足。因此这种服务方式比较单一,不能很好地满足不同老年人口的多样化需求。

(四)服务供给与需求不够精准

目前,农村养老服务的供给体系还不完善,主要表现在以家庭为基础的养老服务还不健全,社区养老服务的供给能力和水平不够高,各类养老服务设施和资源的供给都不够充分。而且,分级服务体系也不完善,导致养老服务的供给不能精准匹配不同老年群体的需求,也不能满足不同层次老年群体的养老服务需求。

三、农村养老服务专业人才缺乏

养老服务专业人员的质量和水平直接关系到老年人生活的体验感与满意度，是构建完善的农村居家养老服务体系的重要因素，但当前我国养老服务专业人才存在总量规模小、专业水平较低、待遇保障水平不高、流动性强等问题，已经成为养老服务业高质量发展的突出问题和薄弱环节。

（一）服务人员专业性不够

根据实地调查发现，只有少数村庄配备了专业的服务人员，其他村庄还是依靠村委会自给自足。另外，对于有上门服务人员的村庄，服务人员的素质不高，尽管都依据《养老护理员培训规范》进行学习与培训，但是培训效果参差不齐。再加之越来越多农村地区青壮年劳动力到城镇务工，很难有年轻人投身到农村地区养老服务事业中。村中能够提供生活照料养老服务的主体一般是身体较为健康的留守妇女，医疗卫生服务则一般由村中的卫生组织来提供，养老服务中心提供的饮食主要由村中厨艺较好的村民负责，这些供给主体普遍缺乏专业性、稳定性与可持续性。此外，农村养老服务的发展还缺乏系统专业的管理人员，农村养老服务一般由村委会人员或者村干部负责管理，这些基层工作人员工作繁忙，时间与精力有限，无法进行系统的管理，导致农村养老服务发展缓慢。工作时间长、劳动强度大、社会认同度低、工资待遇差，养老服务人员特别是护理员招聘难、留住难是当前最突出的问题。

（二）人才培养体系未建立

由于养老服务人才的培养、就业和管理没有形成一套行之有效的职业发展评定机制（服务标准的建立、护理员职级评定等）和规范化、体系化的职业晋升渠道，缺乏针对养老服务人员招聘、留用、评定等的奖补政策，大量取得职业技能资格的养老服务专业人员流失到收入水平较高地区或改行从事其他工作。一些养老服务机构长期处在"招人—培训—流失—再招人"的状态。现有养老护理人员普遍呈"低配"状态，在岗持证率不足60%，其余多数是未经系统专业培训的进城务工、下岗失业等"4050"人员，普遍呈现收入低、学历低、社会地位低、流动性高、年龄大的特点，有的甚至是低龄老年人照顾高龄老年人。由于专业素养较差，所提供的服务基本以保洁、助医、助餐等为主，无法满足照料护理、助浴、精神慰藉等专业化、多样化、个性化的服务需求。

四、农村养老服务资金投入困难

（一）持续性资金投入少

资金的持续性投入与扶持是农村居家养老服务可持续发展与不断完善的基础力量，尤其是农村地区经济水平低下，社会资本进入乏力，缺少持续性资金的涌入，农村居家养老服务发展更加困难。就目前来看，农村养老服务的发展还存在着资金投入不足、缺乏可持续性的问题。一方面是政府投入资金力度不够；另一方面是农村居家养老服务发展资金筹集方式单一，主要来自政府投资以及乡贤的捐赠，然而单靠政府及乡贤的力量远不能够支撑起居家养老服务的长远发展，特别是经济欠发达的农村地区，尤其需要来源稳定且持续的资金投入才能够支撑起居家养老服务的全面发展。

（二）养老服务融资渠道少

目前养老服务机构除传统的银行贷款和民间借贷外，少有其他融资方式。对于多数民办居家社区养老服务机构而言，由于没有符合条件的抵押物，无法进行抵押贷款。同时，因养老服务项目投资利润低、回收速度慢、周期长，运营现金流也难以达到银行贷款要求。而民间借贷又存在利率高的特点，很容易给民营养老服务机构带来较大的经营风险。

五、农村养老服务市场化发展不足

现阶段在我国农村地区政府仍然是农村养老服务的主要提供方，社会资本和社会组织很难进入这一领域。因此，容易出现服务提供主体结构单调、社会化水平低、市场发展不充分等问题，从而使农村老年人的多样化、个性化养老服务需求得不到满足。

农村养老服务市场的成长也受到支付能力、消费意向、服务设备、专业人员等因素限制，已成为养老服务体系建设的弱点和难点。具体表现在以下三方面。其一，市场活力不足。农村养老机构的投入高、运营难、收益慢，社会资本对养老服务的参与度不高。而且，农村养老服务市场在发展中缺少顺畅的投融资渠道，运营成本如房租、人工等逐年增加。这些因素的综合作用，使我国农村养老服务机构大多处于持平或亏损的状态。其二，城乡发展水平悬殊。受城乡发展差异影响，农村地区老年人的养老消费意识弱，养老消费意愿和支付能力低，而且有很多高龄、独居、残疾和失能等特殊困难的群体，且农村地区的养老服务设施建设、供给能力和投入水平普遍低于城市地区，区域性的普惠型农村养老服务网络还没有建立，农村地区在养老服务供给方面还有很多薄弱环节和短板。其三，市场发展与养老服务需求不匹配。我国农村养老服务产业还处于初级发展阶段，产业整体发展不够成熟，行业集中度低，尽管养老服务市场主体和从业人员规模不断扩大，但没有形成具有规模和品牌效应的养老服务机构，养老服务市场在居家养老、日常护理、慢病治疗、心理照顾以及相关培训服务体系建设等方面都与农村服务需求不匹配。

六、农村养老服务制度不健全

农村人口老龄化趋势在"十四五"时期对农村养老服务制度体系建设提出了更高的要求，但现有的制度供给还有很多短板和不足。一是政策体系还需进一步完善。"十四五"时期，乡村振兴战略将深入推进，农民收入将持续提高，高水平、多样化的养老服务需求和潜力将有序释放，现有的政策体系安排要从过去的主要针对农村特殊困难老年人的基本养老服务保障，逐渐转变为惠及所有农村老年人的普惠型养老服务供给。同时要进一步完善农村养老服务体系建设的规范和标准，扩大政策实施的范围和覆盖的群体，提高服务供给的能力和水平。二是养老服务规划还有很大的空白。目前，我国很多地区还没有把养老服务特别是农村养老服务发展纳入国民经济和社会发展的综合规划、城乡的总体规划和控制性的详细规划中，还没有制定养老服务的专项规划，难以有效发挥规划在养老服务发展中的统筹引导和约束作用。三是制度供给面临新的挑战。未来十年，20世纪60年代初到20世纪70年代初高生育期出生的人口将陆续进入老年阶段，养老服务需求将集中爆发式增长，农村情况更为严峻，农村养老服务将面临更大挑战，需要加快做好这方面的制度安排。

七、农村养老服务数据调查体系不完善

科学决策需要依靠良好的调查数据，农村人口的相关数据信息要丰富、全面、准确，这是科学制定农村养老服务政策、提升农村养老服务供给、解决农村养老服务问题的重要前提。从国际上看，发达国家普遍高度重视老年人口数据调查工作。例如，日本已经连续20多年开展"高龄社会对策相关调查"项目，通过日本内阁官方网站持续发布《高龄社会对策相关调查报告》《高龄社会白皮书》等报告，为学术研究和政策制定提供了丰富的信息支撑。目前，我国农村养老服务数据调查机

制还不够完善。一是农村养老服务相关数据调查机制还没有健全。现阶段我国针对老龄人口特别是农村老龄人口的相关统计调查机制还不系统、完善，难以为学术研究和政策制定提供科学可信的数据支撑。二是农村养老服务相关数据统一平台还没有建立。目前我国还没有建立国家层面的农村养老服务相关数据综合集纳平台，而且相关地方、部门掌握的数据存在发布、更新不及时等诸多问题，农村养老服务相关数据还没有在全国范围内进行有效整合。三是农村养老服务数据共享机制还没有健全。目前，现存农村养老服务相关数据存储、管理、使用还处在条块分割的状态，各地、各部门之间数据共享机制不够健全，政府、科研机构与市场主体之间数据共享机制也不够健全，农村养老服务数据共享机制亟待健全。

八、农村养老服务监管工作不规范

为了建设更高标准的农村养老服务体系，必须加强农村养老服务的规范化监管。我国农村养老服务的监管工作还面临着较为明显的不足。首先，农村养老服务的监管机制不够完善。长期以来，我国农村养老服务的管理涉及多个部门，监管职责不明确，导致农村养老服务的监管工作有很多盲区、难点，农村养老服务的监管工作还处于粗放的状态，没有建立起细致、智能的持续监管机制。其次，农村养老服务的监管标准还没有统一。我国农村养老服务的发展起步较晚，各地区之间和地区内部不同地域之间的经济社会发展水平和农村养老服务的发展水平不一致，农村养老服务的监管还没有解决监管标准的统一问题，农村养老服务的监管工作缺少依据。最后，农村养老服务的质量标准体系还不够健全。要规范农村养老服务的监管工作，需要完善养老服务的质量标准体系，随着农村养老服务的需求增加，农村各种类型的养老机构快速发展，农村养老服务的质量标准体系不够完善将使监管更加困难。

第六章

农村养老服务需求实证检验

第一节　服务方式需求影响因素实证检验

一、理论分析与研究假说

（一）养老服务方式需求影响因素理论分析

影响农村居民对养老服务方式选择的因素很多，具体包括家庭结构，即农村居民的配偶情况、家庭人口数、晚辈孝顺程度以及是不是低保户等；农村居民个体特征，即农村居民的年龄段、受教育程度、生活自理能力和个人的经济状况评估；农村居民社会活动的参与情况，即邻里关系、外出的频繁程度、与其他居民的交流频率等。此外，农村居民对村内事务的参与情况、对养老政策的感知程度等都会影响农村居民对养老服务项目选择。据此提出假说 H_1 和假说 H_2。

（二）养老服务方式需求影响因素研究假说

H_1：农村居民的健康程度、文化程度、子女孝敬程度、经济状况、对养老服务项目了解程度等因素对农村居民养老服务方式选择有正向影响。

H$_2$：农村居民的经济来源、子女个数、年龄、居住情况等因素对农村居民养老服务方式选择有负向影响。

二、养老服务方式需求优先次序分析

依据《基于老年人口异质性的农村养老服务精准供给研究入户调查问卷》，对当前我国农村养老服务需求现状进行分析，调查问卷得到样本中有效问卷数据 1002 份，通过对老年人关于最愿意选择的养老服务方式的选择与排序，对农村养老服务方式需求优先次序进行分析。问卷中共有五项养老服务方式的需求，分别为传统家庭养老、雇人上门居家养老、村委会/社区机构养老、盈利性社会机构养老、公益性社会机构养老。问卷要求回答人从已给的这五项养老服务方式中选出最需要的三项，并按照优先次序进行数字 1~3 的排序。通过对问卷中的数据进行描述性统计分析，得到如表 6-1 所示的老年人口养老服务方式需求频率表。

根据表 6-1 所示，可以明显看出农村老年人口对于养老服务方式的需求偏好，从数据入手将五项养老服务方式需求分为三类：强需求型、一般需求型以及弱需求型。

表 6-1　老年人养老服务方式需求统计分析

老年人意愿养老服务方式		传统家庭养老	雇人上门居家养老	村委会/社区机构养老	盈利性社会机构养老	公益性社会机构养老
数量	已排序	971	291	840	138	678
	未排序	31	711	162	864	324
选择率		96.91%	29.04%	83.83%	13.77%	67.66%
排序 1		880	16	63	5	29
排序 2		62	179	433	49	240
排序 3		29	96	344	84	409
平均值		1.12	2.27	2.33	2.57	2.56

续表

老年人意愿养老服务方式	传统家庭养老	雇人上门居家养老	村委会/社区机构养老	盈利性社会机构养老	公益性社会机构养老
众数	1.00	2.00	2.00	3.00	3.00
标准偏差	0.41	0.56	0.61	0.56	0.58
方差	0.17	0.31	0.37	0.32	0.33
最小值	1.00	1.00	1.00	1.00	1.00
最大值	3.00	3.00	3.00	3.00	3.00

（一）强需求型

依照问卷中的选择与排序，属于强需求型的养老服务方式有传统家庭养老和村委会/社区机构养老。

从众数与已排序的数据量可以看出，如表6-2、表6-3所示，传统家庭养老服务方式是老年人口最愿意选择的，有971人选择了该养老服务方式并且为其排序为第一的有880人，将其排为第二意愿的有62人、第三的有29人；其次是村委会/社区机构养老服务方式，有840人选择这项为养老服务，其中将其排为第一意愿的有63人、第二意愿的有433人、第三意愿的有344人。因此可以看出传统家庭养老服务方式是老年人认为第一需要的养老服务方式，而村委会/社区机构养老为第二需要的养老服务方式。

表6-2　传统家庭养老服务方式需求情况

数据名		频率	百分比	有效百分比	累积百分比
有效	1.00	880	87.82	90.63	90.63
	2.00	62	6.19	6.39	97.01
	3.00	29	2.89	2.99	100.00
	总计	971	96.91	100.00	

数据名		频率	百分比	有效百分比	累积百分比
缺失	系统	31	3.09		

表6-3 村委会/社区机构养老服务方式需求情况

数据名		频率	百分比	有效百分比	累积百分比
有效	1.00	63	6.29	7.50	7.50
	2.00	433	43.21	51.55	59.05
	3.00	344	34.33	40.95	100.00
	总计	840	83.83	100.00	
缺失	系统	162	16.17		

（二）一般需求型

根据问卷中的选择与排序，纳入一般需求型的养老服务方式有公益性社会机构养老服务方式。

从表6-4的相关数据可以看出，其选择总量为678人。其中将其排为第一意愿的有29人、第二需要的有240人、第三需要的有409人。因此在总的五项养老服务方式中，公益性社会机构养老服务方式为老年人第三需要的养老服务方式。

表6-4 公益性社会机构养老服务方式需求情况

数据名		频率	百分比	有效百分比	累积百分比
有效	1.00	29	2.89	4.28	4.28
	2.00	240	23.95	35.40	39.68
	3.00	409	40.82	60.32	100.00
	总计	678	67.66	100.00	
缺失	系统	324	32.34		

（三）弱需求型

根据问卷中的选择与排序，归纳为弱需求型的养老服务方式有雇人上门居家养老和盈利性社会机构养老。

如表6-5、6-6所示，从总体上看，选择雇人上门居家养老服务和盈利性社会机构养老服务的老年人口均不多，分别为291人和138人，从选择顺序来看，将雇人上门居家养老服务选为第一需要的有16人，选为第二需要的有179人，选为第三需要的有96人；将盈利性社会机构养老服务选为第一需要的有5人，选为第二需要的有49人，选为第三需要的有84人。因此上门居家养老服务和盈利性社会机构养老服务分别为老年人第四和第五需要的养老服务方式。

表6-5　雇人上门居家养老服务方式需求情况

数据名		频率	百分比	有效百分比	累积百分比
有效	1.00	16	1.60	5.50	5.50
	2.00	179	17.86	61.51	67.01
	3.00	96	9.58	32.99	100.00
	总计	291	29.04	100.00	
缺失	系统	711	70.96		

表6-6　盈利性社会机构养老服务方式需求情况

数据名		频率	百分比	有效百分比	累积百分比
有效	1.00	5	0.50	3.62	3.62
	2.00	49	4.89	35.51	39.13
	3.00	84	8.38	60.87	100.00
	总计	138	13.77	100.00	
缺失	系统	864	86.23		

由此可以得出结论，就目前的养老服务方式需求优先次序，老年人

对于养老服务方式的选择意愿排序为：传统家庭养老>村委会/社区机构养老>公益性社会机构养老>上门居家养老>盈利性社会机构养老。

三、农村居民养老服务方式需求影响因素分析

（一）变量定义与赋值

根据前文相关分析，选择农村居民所在村的个体特征、家庭特征、认知需求特征、生产要素特征、经济特征共 5 类 15 个变量。各变量定义与赋值如表6-7所示。

表6-7 变量定义与赋值

变量名称	变量解释与赋值
因变量	
Y 最愿意的养老服务方式	传统家庭养老=1；雇人上门居家养老=2； 村委会/社区机构养老=3； 盈利性社会机构养老=4；公益性社会机构养老=5
自变量	
（1）个体特征	
性别	男=1；女=0
年龄	45~59 岁=1；60~74 岁=2；75~89 岁=3；90 及以上=4
文化程度	小学以下=1；小学=2；初中=3； 高中（中专）=4；大专=5；本科及以上=6
婚姻状况	婚姻完整（已婚已有配偶）=1； 婚姻不完整（未婚、离异、丧偶）=0
健康状况	有重大疾病=1；有慢性病=2；一般=3； 较好=4；很好=5
（2）家庭特征	

变量名称	变量解释与赋值
儿子个数	0 个 = 1；1 个 = 2；2 个 = 3；3 个 = 4； 4 个 = 5；5 个及以上 = 6
女儿个数	0 个 = 1；1 个 = 2；2 个 = 3；3 个 = 4； 4 个 = 5；5 个及以上 = 6
居住情况	独居 = 1；与配偶同住 = 2；与子女同住 = 3；与配偶和子女同住 = 4；与其他亲属同住 = 5
子女孝敬程度	非常差 = 1；较差 = 2；一般 = 3；较好 = 4；非常好 = 5
（3）认知需求特征	
养老服务方式了解程度	非常差 = 1；较差 = 2；一般 = 3；较好 = 4；非常好 = 5
养老政策了解程度	非常差 = 1；较差 = 2；一般 = 3；较好 = 4；非常好 = 5
（4）生产要素特征	
生活水平在本村水平	低等 = 1；中等 = 2；高等（较高、很高）= 3
是否拥有土地	是 = 1；否 = 0
（5）经济特征	
月均收入	1000 元以下 = 1；1000～2000 元 = 2；2001～3000 元 = 3； 3001～4000 元 = 4；4001～5000 元 = 5 5001～6000 元 = 6；6000 元以上 = 7；其他 = 8
主要经济来源	劳动收入 = 1；经营收入 = 2；养老金 = 3；五保/低保 = 4；子女供养 = 5；储蓄 = 6；其他 = 7

（二）模型构建

为了探究农村居民养老服务方式需求影响因素，以最愿意选择的农村居民养老服务方式需求的 5 个项目为被解释变量。根据研究需要，被解释变量的具体赋值情况如下：将农村居民养老服务方式需求"传统家庭养老服务"定义为 Y = 1（此为选择的参照组）；"雇人上门居家养老服务"定义为 Y = 2；"村委会/社区机构养老服务"定义为 Y = 3；"盈利性社会机构养老服务"定义为 Y = 4；"公益性社会机构养老服务"定义为 Y = 5。借鉴王济川和郭志刚（2001）的研究成果，在被解释变量为离散型变量时，如果类别在三类及以上，且各类别之间无序次关系时，那么采用多元 Logistic 模型分析是合适的。因此，为了分析农村居民对最愿意选择的养老服务方式需求的影响因素，可以构建多元 Logistic 模型如下：

$$\mathrm{Ln}\frac{p(Z_2)}{p(Z_1)} = \alpha_1 + \sum_{k-1}^{k}\beta_{1k}\chi_k + \varepsilon \qquad (式6-1)$$

$$\mathrm{Ln}\frac{p(Z_3)}{p(Z_1)} = \alpha_2 + \sum_{k-1}^{k}\beta_{2k}\chi_k + \varepsilon \qquad (式6-2)$$

式 6-1 和式 6-2 中，p 表示农村居民养老服务方式需求的概率；Z_1 表示传统家庭养老服务方式；Z_2 表示雇人上门居家养老服务方式；Z_3 表示村委会/社区机构养老服务方式；Z_4 表示盈利性社会机构养老服务方式；Z_5 表示公益性社会机构养老服务方式；α_n（n = 1，2）表示常数项；β_{rk}（n = 1，2）表示第 k 个影响因素的回归系数；χ_1 表示解释变量，即影响农村居民养老服务方式需求的主要因素，如表 6-7 所示，ε 表示随机误差项。另外，α_n 和 β_{rk} 的值均采用极大似然估计法进行估计。

（三）实证回归结果及分析

根据上述模型，运用 SPSS 26.0 统计软件对样本数据进行多元 Logistic 回归分析，得到回归结果如表 6-8 所示。同时，根据回归输出结果可知该模型的统计分析值为 161.096，整体拟合优度检验统计值为 0.236。这说明，模型具有良好的显著性情况，且总体样本数据能较好拟合。

表 6-8　模型回归结果

变量	B 系数	标准误	p 值
Y＝2（雇人上门居家养老服务）			
性别	0.02	0.447	0.965
年龄	1.486	2.782	0.593
婚姻状况	0.115	0.521	0.825
［文化程度＝5］	7.317**	3.357	0.029
［健康状况＝2］	2.352**	1.121	0.036
儿子数量	−2.416	2.162	0.264
女儿数量	0.802	1.604	0.617
［子女孝敬程度＝2］	1.093**	0.557	0.05
居住情况	2.225	1.733	0.199
［对传统家庭养老服务了解程度＝2］	2.375**	1.061	0.025
［对盈利性社会养老机构了解程度＝2］	−3.537**	1.491	0.018
［对公益性养老机构了解程度＝1］	1.997*	1.201	0.096
［主要经济来源＝1］	−1.891**	0.993	0.057
［主要经济来源＝3］	−2.144**	1.162	0.065
［人均月收入＝5］	3.666***	1.179	0.002
［家里是否拥有土地＝0］	0.905**	0.461	0.05
［生活水平＝2］	−1.124*	0.624	0.071
Y＝3（村委会/社区机构养老服务方式）			
性别	0.222	0.286	0.438
年龄	−2.624**	0.813	0.001
［文化程度＝1］	−2.403**	1.199	0.045

续表

变量	B 系数	标准误	p 值
［健康状况＝2］	1.175*	0.612	0.055
儿子数量	−1.793*	0.963	0.063
女儿数量	0.249	0.9	0.782
子女孝敬程度	0.384	0.309	0.215
［居住情况＝2］	−1.345*	0.756	0.075
［对国家颁布的养老政策法规了解程度＝1］	−1.877**	0.801	0.019
［对传统家庭养老了解程度＝1］	2.682***	0.878	0.002
［对村委会或社区养老了解程度＝1］	−2.009**	0.947	0.034
［对盈利性社会养老机构了解程度＝2］	2.786***	0.98	0.004
［对居家养老了解程度＝4］	−0.916*	0.535	0.087
［生活水平＝2］	−0.804*	0.469	0.087
［家里是否拥有土地＝0］	0.536*	0.31	0.083
Y＝4（盈利性社会机构养老服务）			
性别	−0.412	0.762	0.589
年龄	−0.259	4.732	0.956
婚姻状况	0.291	1.722	0.866
［健康状况＝3］	−1.509	1.17	0.197
［居住情况＝1］	−1.595	3.369	0.636
［主要经济来源＝2］	7.495	32.678	0.819
［人均月收入＝4］	−3.235	32.634	0.921
［生活水平＝2］	−0.69	1.143	0.546
［家里是否拥有土地＝0］	0.752	0.855	0.379

续表

变量	B 系数	标准误	p 值
［儿子数量＝2］	1.288	4.68	0.783
［女儿数量＝3］	1.178	2.573	0.647
［子女孝敬程度＝1］	-1.117	2.478	0.652
［对国家颁布的养老政策法规了解程度＝4］	0.984	1.496	0.51
Y＝5（公益性社会机构养老服务）			
性别	-0.03	0.425	0.943
年龄	1.022	2.066	0.621
婚姻状况	0.225	0.504	0.656
［文化程度＝1］	-3.401***	1.312	0.01
［文化程度＝2］	-2.392*	1.239	0.054
［健康状况＝1］	2.142**	0.873	0.014
［居住情况＝2］	3.192*	1.749	0.068
［对盈利性社会养老机构了解程度＝4］	-2.072*	1.061	0.051

注：*、**、***分别表示10%、5%、1%的显著性水平。

根据表6-8回归结果，对农村居民养老服务方式需求的个体特征、家庭特征、认知特征、生产要素特征和经济特征等影响因素可以分析如下。

1. 个体特征影响因素分析

如表6-8所示，文化程度对"雇人上门居家养老服务"方式选择有显著正向影响，对"村委会/社区机构养老服务"及"公益性养老机构养老服务"方式选择有显著负向影响。这表明相对于其他方式，文化程度较低的居民更愿意选择"村委会/社区机构养老服务"及"公益性养老机构养老服务"方式，文化程度更高的居民更愿意"雇人上门居家养老服务方式"，主要因为文化程度较低的老年人普遍退休工资更低，难以负担较高的"上门养老服务费"，且他们更愿意参与集体养老服务，与周边环境更好融合。

健康状况对"雇人上门居家养老服务""村委会/社区机构养老服务"及"公益性养老机构养老服务"方式选择均有显著的正向影响。主要因为身体状况更好的老年人更有自理能力，更加追求"上门养老""集体养老""机构养老"等养老服务方式带来的精神慰藉。

2. 家庭特征影响因素分析

如表6-8所示，儿子数量越多的老人更不愿选择"村委会/社区机构养老服务"，这是因为农村地区"养儿防老"的观念仍然浓厚，老人大多更愿意依靠儿子度过晚年生活。与配偶同住的老人相比于"雇人上门居家养老服务"方式需求，更加愿意选择"公益性养老机构养老服务"方式需求，这是因为未与子女居住的独居老人常年比较孤独与寂寞，与子女的交流很少，更加渴望与同龄人的交流互动，选择公益性养老机构能够更好融入老年群体。子女孝敬程度较差的老年人更愿意选择"雇人上门居家养老服务"方式，这样的养老服务方式能在日常护理的基础上为他们提供更多的精神慰藉。

3. 认知特征影响因素分析

剔除不显著自变量后，确定认知需求特征中唯一的"对养老服务项目了解程度"因素对养老服务方式选择具有显著影响。如表6-8所示，农村居民对养老服务方式的了解程度对养老服务方式的选择具有显著正向影响。其中，对"传统家庭养老服务"及"公益性社会机构养老服务"方式不太了解的老年人更愿意选择"雇人上门居家养老服务"的方式，但对"村委会/社区机构养老服务方式"不了解的老年人不愿意选择此种养老服务方式。对国家养老服务政策法规不了解的老人更不愿意选择"村委会/社区机构养老服务方式",因为他们难以接受新事物。随着农村居民对养老服务方式了解程度的提高,农村居民对所了解的养老服务方式选择的需求更大,主要是因为认识指导实践,农村居民对养老服务方式和相关养老服务政策的认识程度越高,会越重视自身身体状况和养老服务质量,越容易选择适合自己的养老服务方式。

4. 生产要素特征影响因素分析

逐步剔除不显著自变量后,确定生产要素特征中有 2 个因素至少对一种养老服务方式选择具有显著影响。如表 6-8 所示,在本村的生活水平对"雇人上门居家养老服务"以及"村委会/社区机构养老服务"方式选择有负向影响;而是否拥有土地则对"雇人上门居家养老服务"以及"村委会/社区机构养老服务"方式选择有正向影响。相比生活水平较高的农村居民,生活水平较低的农村居民苦于生计,没有更高一层的生活需要,大多选择"传统家庭养老服务方式",故而对"社会性养老服务"方式的选择意愿远低于生活水平较高的农村居民。土地是农村居民的生产之本,没有土地的农村居民就很难有种植等农业收入,各种粮食蔬菜都需要自购,无疑加大了他们的生活负担。所以没有土地的农民更加倾向于国家政府对养老服务产业的帮扶,渴望解决基本生活问题,希望通过他人服务、社会关怀来缓解养老服务难题。

5. 经济特征影响因素分析

逐步剔除不显著自变量后,确定经济特征中有 2 个因素至少对一种养老服务方式选择具有显著影响。如表 6-8 所示,经济来源对"雇人上门居家养老服务"的养老服务方式选择有显著负向影响,在所有样本中,月收入在 2000 元以下的占比 32%,说明被调查农村居民生活水平普遍偏低,农村居民依靠自身劳动获取经济报酬的占比为 82.6% 多,大部分农村居民有较强的"经济独立"倾向,伴随农村居民经济独立性的增强,故而农村居民对"依靠机构、服务人员"的养老服务方式需求逐渐减弱。人均月收入则对"雇人上门居家养老服务"的养老服务方式选择有显著正向影响；相比月收入低的农村居民，月收入越高，就更有经济实力选择"雇人上门居家养老服务"。

第二节 服务项目需求影响因素实证检验

一、理论分析与研究假说

（一）养老服务项目需求优先次序理论分析与研究假说

农村居民养老服务需求具体表现为在现有状况下农村居民对养老服务内容和项目的需求，它是多角度、多样化、多层次的，如表现为农村居民对住宿设施、精神慰藉、医疗护理、服务素养、生活照料、政府政策、养老环境、日常支出、助餐服务和老年价值实现等的需求。如图6-1所示，根据马斯洛需求层次理论可知，人的需求由低到高划分为5个层次，即生理需求、安全需求、爱和归属需求、尊重需求和自我实现需求。克雷顿·奥德弗（1967）提出的 ERG 理论将其进一步归纳为生存需求、关系需求和成长需求三个层次，即将生理和安全需求归纳为生存需求，将爱和归属需求归纳为关系需求，将尊重需求和自我实现需求归纳为成长需求。农村居民养老服务项目需求也表现为人的需求，其需求的次序应符合需求层次理论。依据两种需求层次理论，将农村居民养老服务项目的需求归纳为满足生存需求的项目，如生活照料、助餐服务、日常支出、医疗护理、住宿设施和养老环境等；满足精神需求的项目，如精神慰藉；满足成长需求的项目，如服务素养和老年价值实现等。据此提出假说 H_1。

H_1：农村居民养老服务项目需求优先次序的第一层次为生活照料、助餐服务、日常支出、医疗护理、住宿设施和养老环境；第二层次为精神慰藉；第三层次为服务素养和老年价值实现。

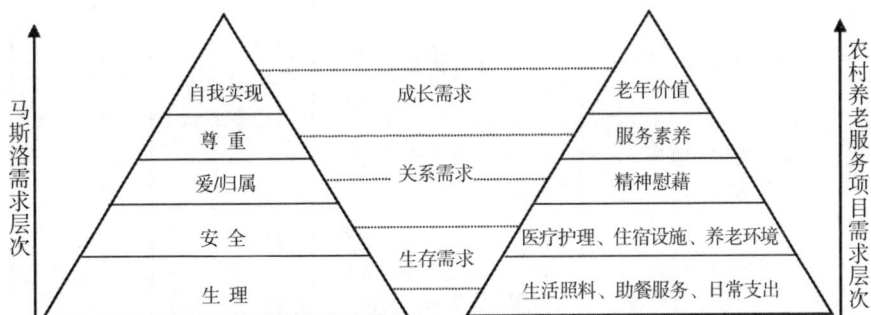

图 6-1　需求层次与农村养老服务项目需求层次对应关系

（二）养老服务项目需求影响因素理论分析与研究假说

影响农村居民对养老服务项目需求的因素包括很多，根据 2000 版安德森模型（BMHSU），将其引入农村居民养老服务项目需求影响因素分析，对其进行符合农村居民养老服务项目需求影响因素分析的适当改造。如图 6-2 所示，其影响因素具体包括环境情景特征，即农村居民所拥有的社会养老服务资源、国家养老服务资源、养老服务环境、养老服务传统等；农村居民个体特征，即农村居民所拥有的个人养老服务资源、家庭养老服务资源、获取养老服务的意愿和个人对现有养老服务的评估；农村居民养老服务需求行为本身，即个人家庭养老服务资源的利用和国家社会养老服务资源的利用。此外，农村居民个体的异质性、环境情景的异质性和社会结构的异质性都会影响农村居民养老服务项目选择。据此提出假说 H_2 和假说 H_3。

H_2：农村居民的年龄、文化程度、子女孝敬程度、所在村经济发展水平、对养老服务项目了解程度等因素对农村居民养老服务项目需求

环境情景特征　　　　　个体特征　　　服务需求行为　　服务评价

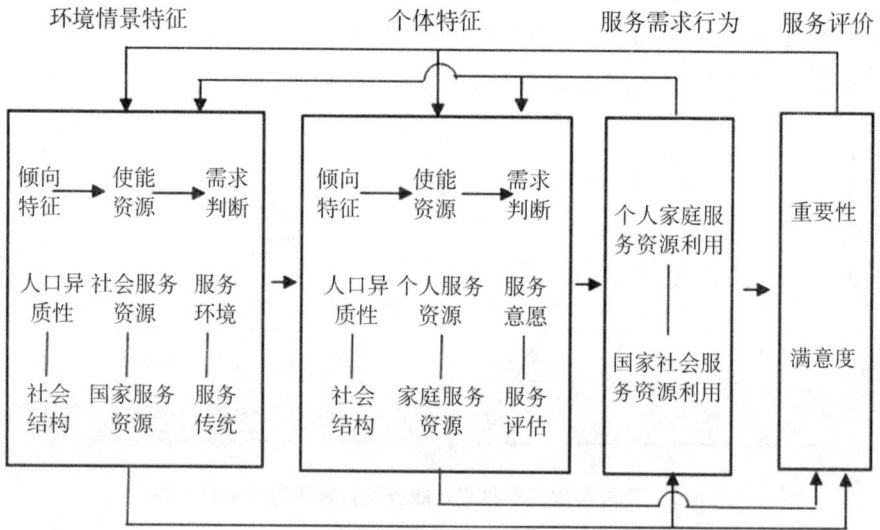

图6-2　农村居民养老服务项目需求影响因素

有正向影响。

H_3：农村居民的经济来源、月均收入、子女个数、所在村社会事业配套情况、每月愿承担的养老服务费用、是否担心养老问题、健康状况等因素对农村居民养老服务项目需求有负向影响。

二、养老服务项目需求优先次序分析

（一）样本选择和数据来源

前文已述，根据研究需要，设计了《基于老年人口异质性的农村养老服务精准供给研究入户调查问卷》，其内容主要包括被访者个体基本特征、个体劳动特征、拥有生产要素特征、参与度及孤独感特征、家庭特征、社会资本特征、社会环境特征、金融素养特征、对养老服务模式认知及意愿特征和对村（社区）养老服务项目评价特征10个部分。

此后，于 2019 年 7 月底深入农村进行了预调查，并就问卷存在的相关问题进行修改和调整。调查问卷最终定稿后，于 2019 年 8 月—9 月及 2020 年暑假期间对江西省 11 个设区市进行正式抽样调查，每个设区市的抽样调查样本占总样本的比例是根据其农村人口占江西省农村总人口比例进行配比的，具有较好的代表性。共计调查问卷 1050 份，其中有效问卷 1002 份，样本有效率达 95.4%，数据质量良好。

样本数据基本情况如表 6-9 所示，在 1002 位受访者中，性别比接近 1∶1。60 岁及以上的老年人口占比 59.68%。在婚姻方面，大部分的受访者拥有完整的婚姻，比例高达 78.84%，但未婚、离异和丧偶等情况也占比 21.16%。在文化程度方面，所调查的农村居民受教育程度普遍偏低，初中及以下农村居民样本占比近 93.21%。在经济收入方面，农户人均收入普遍较低，总体上存在一定差距。在农户经济收入来源方面，35.15% 的农户是靠自己劳动获取经济报酬，也有相当一部分农户的收入是由子女提供的。对于购买养老服务意愿，愿意和不愿意购买养老服务的农村居民比例接近 1∶1，参加了养老保险的占比为 67.47%，而担心自己未来养老问题的占比为 35.42%。

表 6-9 抽样调查样本基本情况

受访者基本情况	具体类别	频数（人）	比重（%）
性别	男	568	56.68
	女	434	43.32
年龄（岁）	45~59	404	40.32
	60~74	358	35.73
	75~89	226	22.55
	90 及以上	14	1.40

续表

受访者基本情况	具体类别	频数（人）	比重（%）
婚姻状况	未婚	24	2.40
	已婚有配偶	790	78.84
	离异	17	1.70
	丧偶	171	17.06
文化程度	小学以下	372	37.13
	小学	349	34.83
	初中	213	21.26
	高中（中专）	47	4.70
	大专	14	1.40
	本科及以上	7	0.70
健康状况	很好	138	13.77
	较好	277	27.64
	一般	296	29.54
	有慢性病	246	24.55
	有重大疾病	45	4.50
月均收入（元）	1000 以下	169	16.87
	1000~2000	165	16.47
	2001~3000	132	13.17
	3001~4000	82	8.18
	4001~5000	42	4.20
	5001~6000	26	2.59
	6000 以上	45	4.49

受访者基本情况	具体类别	频数（人）	比重（%）
经济主要来源	劳动收入	425	35.15
	养老金	140	11.58
	经营收入	106	8.77
	五保	4	0.33
	低保	43	3.56
	子女供养	187	15.47
	储蓄	129	10.67
	其他	175	14.47
购买养老服务意愿	愿意	526	52.49
	不愿意	473	47.51
是否参加养老保险	参加	676	67.47
	不参加	326	32.53
是否担心养老问题	是	355	35.42
	否	647	64.58

（二）变量定义和数据处理

为了使分析更加简洁、规范、统一明了，先将调查问卷第10部分即用于访问农村居民养老服务项目供需的40个指标进行均值化处理，并合并成7个服务项目指标。然后，将7个项目指标分别定义为$X_1 \sim X_7$，并以W、$WRSR$、$WRSRfit$、$Probit$ 4个测算值，分别表示指标的权重、加权秩和比、$WRSR$预测值和概率，具体如表6-10所示。

表6-10 变量定义及符号说明

序号	符号	符号说明	序号	符号	符号说明
1	X_1	生活照料	10	WRSR	加权秩和比

序号	符号	符号说明	序号	符号	符号说明
2	X_2	医疗护理	11	WRSRfit	WRSR 预测值
3	X_3	精神慰藉	12	Probit	概率
4	X_4	法律服务	13	B	回归系数
5	X_5	文体娱乐	14	n	评价对象个数
6	X_6	再就业	15	m	评价指标个数
7	X_7	社会参与			
8	R	平均秩次			
9	W	指标的权重			

（三）农村居民养老服务项目需求排序

为了分析农村居民对养老服务项目需求的优先次序，通过采用被访问者关于养老服务项目需求度评价进行衡量，采取李克特五级量表法，即 1~5 的打分制对养老服务项目各方面的内容进行评价。对这 7 项指标项目采取加权秩和比法对其进行综合评价排序，通过研究这 7 项指标的无量纲统计量加权秩和比的分布特征，给出江西省 11 个设区市农村居民养老服务项目需求的需求度和满意度排序结果，综合两者情况并结合实地调查访谈情况对农村居民养老服务项目需求优先次序进行最终评判。

1. 养老服务项目需求度和满意度编秩

运用加权秩和比（WRSR）法对农村居民养老服务项目需求优先次序进行排序，须先对其进行编秩，由于农村居民养老服务项目各项指标均为高优指标，对各项指标按从小到大顺序进行编秩，最小的指标值编秩为 1，最大的指标值编秩为 n。

2. 养老服务项目加权秩和比分布及其重要性排序

根据加权秩和比法基本公式：$WRSR_i = \dfrac{1}{n} W_i R_{ij}$，计算出数据均值和标准差后，利用变异系数 $C.V$ 求出各指标权重的系数为 W，其中 $i = 1$，2，3，$\cdots$，n（7 项养老服务项目评价指标），$j = 1$，2，3，$\cdots$，m（11个设区市），W_i 为第 i 项指标的权重。再利用 Matlab 程序计算得到加权秩和比分布，将 $WRSR$ 分布按从小到大排序，求出各组的平均秩次 R 及其对应的 $Probit$ 值、$WRSRfit$。据此，可得农村居民对养老服务项目需求度和满意度的 $WRSR$ 分布，如表 6-11 所示。

表 6-11　农村居民对养老服务项目需求度 WRSR 分布表

设区市	X_4	X_6	X_1	X_5	X_3	X_7	X_2
鹰潭市	2.000	1.922	2.347	2.089	2.378	2.709	2.723
宜春市	2.062	3.388	2.572	2.758	3.116	3.593	3.844
新余市	1.888	2.283	3.249	2.709	3.154	3.526	3.730
上饶市	2.283	2.679	2.157	2.690	2.743	2.993	3.622
萍乡市	3.479	3.199	3.423	3.370	3.646	4.022	3.767
南昌市	1.793	2.744	2.599	2.365	3.161	3.332	3.358
九江市	2.563	2.594	2.856	3.068	3.210	4.583	3.809
景德镇市	2.897	2.743	2.899	3.027	3.248	3.682	3.640
赣州市	2.009	2.638	1.838	2.380	2.404	3.160	3.159
抚州市	3.050	2.713	3.109	3.113	3.365	3.673	3.773
吉安市	2.563	2.638	2.863	2.694	3.047	3.113	3.269
WRSR	0.221	0.395	0.407	0.456	0.663	0.907	0.950
R	0.143	0.286	0.429	0.571	0.714	0.857	0.964
Probit	3.932	4.434	4.820	5.180	5.566	6.068	6.803
WRSRfit	0.210	0.347	0.452	0.550	0.656	0.793	0.993

根据表6-11的分析结果，可得农村居民对养老服务项目需求度的分档排序结果，如表6-12所示。

表6-12 农村居民对养老服务项目需求度的分档排序结果

等级	Probit	WRSRfit	分档排序结果
高	>5.56	>0.65	医疗护理、社会参与、精神慰藉
中	4.82~5.56	0.45~0.65	文体娱乐、生活照料
低	<4.82	<0.45	再就业、法律服务

表6-12显示，农村居民对养老服务项目的需求度有较大的差异，由分档结果可知，农村居民对养老服务项目的需求程度排序为：医疗护理>社会参与>精神慰藉>文体娱乐>生活照料>再就业>法律服务。可见，农村居民对养老服务项目中的再就业、法律服务需求较低；其次是文体娱乐、生活照料；需求较高的项目有医疗护理、社会参与、精神慰藉。

根据表6-13的分析结果，可得农村居民对养老服务项目的满意度分档排序结果，如表6-14所示。

表6-13 农村居民对现有养老服务项目的满意度 WRSR 分布表

设区市	X4	X6	X5	X7	X1	X3	X2
鹰潭市	2.115	1.962	2.330	2.523	3.008	2.725	2.879
宜春市	2.591	2.091	2.519	2.945	2.882	2.758	3.159
新余市	2.030	2.197	2.623	2.970	3.085	3.096	3.178
上饶市	1.313	2.438	3.018	2.450	2.250	3.250	4.359
萍乡市	4.286	3.571	3.939	4.029	4.129	4.190	4.643
南昌市	1.882	2.588	2.160	2.847	2.959	3.108	3.529
九江市	2.273	2.682	3.019	3.773	3.673	3.205	3.778

设区市	X4	X6	X5	X7	X1	X3	X2
景德镇市	3.182	2.000	2.805	3.327	3.391	3.848	3.625
赣州市	0.179	0.714	1.500	0.779	2.271	1.982	2.902
抚州市	3.726	3.548	3.677	3.839	3.926	3.978	4.161
吉安市	2.750	2.850	2.950	3.130	2.650	3.008	3.469
WRSR	0.231	0.288	0.478	0.575	0.682	0.768	0.978
Probit	3.932	4.434	4.820	5.180	5.566	6.068	6.803
R	0.143	0.286	0.429	0.571	0.714	0.857	0.964
WRSRfit	0.216	0.351	0.454	0.551	0.654	0.789	0.986

表6-14　农村居民对养老服务项目满意度分档排序结果

等级	Probit	WRSRfit	分档排序结果
高	>5.56	>0.654	医疗护理、精神慰藉、生活照料
中	4.82~5.56	0.454~0.654	社会参与、文体娱乐
低	<4.82	<0.454	再就业、法律服务

表6-14显示，农村居民对养老服务项目满意程度存在较大差异，由分档结果可知农村居民对养老服务项目满意程度排序为：医疗护理>精神慰藉>生活照料>社会参与>文体娱乐>再就业>法律服务。可见，农村居民对现有养老服务项目中医疗护理、精神慰藉、生活照料比较满意；其次为社会参与、文体娱乐等项目；对再就业、法律服务等项目的满意程度较低。

三、农村居民养老服务项目需求影响因素分析

（一）变量定义与赋值

根据前文相关分析，选择农村居民所在村的个体特征、家庭特征、

认知需求特征、生产要素特征、经济特征共 5 类 15 个变量。各变量定义与赋值如表 6-15 所示。

表 6-15　变量定义与赋值

变量名称	变量解释与赋值
因变量	
Y 最急需的养老服务项目	医疗护理 = 1；社会参与 = 2；精神慰藉 = 3
自变量	
（1）个体特征	
性别	男 = 1；女 = 0
年龄	45～59 岁 = 1；60～74 岁 = 2；75～89 岁 = 3；90 及以上 = 4
文化程度	小学以下 = 1；小学 = 2；初中 = 3；高中（中专）= 4；大专 = 5；本科及以上 = 6
婚姻状况	婚姻完整（已婚已有配偶）= 1；婚姻不完整（未婚、离异、丧偶）= 0
健康状况	有重大疾病 = 1；有慢性病 = 2；一般 = 3；较好 = 4；很好 = 5
（2）家庭特征	
儿子个数	0 个 = 1；1 个 = 2；2 个 = 3；3 个 = 4；4 个 = 5；5 个及以上 = 6
女儿个数	0 个 = 1；1 个 = 2；2 个 = 3；3 个 = 4；4 个 = 5；5 个及以上 = 6
居住情况	独居 = 1；与配偶同住 = 2；与子女同住 = 3；与配偶和子女同住 = 4；与其他亲属同住 = 5
子女孝敬程度	差（非常差、较差）= 1；一般 = 2；好（较好、非常好）= 3
（3）认知需求特征	

变量名称	变量解释与赋值
对养老项目了解程度	差（非常差、较差）= 1；一般 = 2；好（较好、非常好）= 3
是否担心养老问题	是 = 1；否 = 0
（4）生产要素特征	
生活水平在本村水平	低等 = 1；中等 = 2；高等（较高、很高）= 3
是否拥有土地	是 = 1；否 = 0
（5）经济特征	
月均收入	1000 元以下 = 1；1000~2000 元 = 2；2001~3000 元 = 3；3001~4000 元 = 4；4001~5000 元 = 5 5001~6000 元 = 6；6000 元以上 = 7
主要经济来源	劳动收入 = 1；经营收入 = 2；养老金 = 3

（二）模型构建

为了探究农村居民养老服务项目需求影响因素，以农村居民养老服务项目需求排序靠前的 3 个项目为被解释变量。根据研究需要，被解释变量的具体赋值情况如下：将农村居民养老服务需求项目"医疗护理"作为参照组，定义为 Y = 1；"社会参与"服务需求项目定义为 Y = 2；"精神慰藉"服务需求项目定义为 Y = 3。借鉴王济川和郭志刚（2001）的研究成果，在被解释变量为离散型变量时，如果类别在三类及以上，且各类别之间无序次关系时，那么采用多元 Logistic 模型分析是合适的。因此，为了分析农村居民对养老服务项目需求的影响因素，可以构建多元 Logistic 模型如下：

$$\mathrm{Ln}\frac{p(Z_2)}{p(Z_1)} = \alpha_1 + \sum_{k=1}^{k} \beta_{1k}\chi_k + \varepsilon \qquad （式6-3）$$

$$\mathrm{Ln}\,\frac{p(Z_3)}{p(Z_1)} = \alpha_2 + \sum_{k-1}^{k} \beta_{2k} \chi_k + \varepsilon \qquad （式6-4）$$

式6-3和式6-4中，p表示农村居民养老服务项目需求的概率；Z_1表示医疗护理服务项目（也是选择的参照组）；Z_2表示社会参与服务项目；Z_3表示精神慰藉服务项目；α_n（n=1，2）表示常数项；β_{rk}（n=1，2）表示第k个影响因素的回归系数；χ_1表示解释变量，即影响农村居民养老服务项目需求的主要因素（如表6-15所示）；ε表示随机误差项。另外，α_n和β_{rk}的值均采用极大似然估计法进行估计。

（三）实证回归结果及分析

根据上述模型，运用 SPSS26.0 统计软件对样本数据进行多元 Logistic 回归分析，得到回归结果如表6-16所示。从表6-16中可知该模型的统计分析值为124.637，整体拟合优度检验统计值为0.45，这说明模型具有良好的显著性情况，且总体样本数据能较好拟合。

表6-16 模型回归结果

变量	B系数	Exp（B）	标准误	p值
Y=2（社会参与）				
性别	-0.015	0.985	0.204	0.943
年龄	0.489	1.631	0.835	0.558
婚姻状况	0.680	1.974	0.463	0.141
文化程度	-1.168	0.311	1.208	0.334
［健康状况=1］	0.926*	2.524	0.539	0.086
经济来源	0.655	1.925	0.459	0.154
［在本村生活水平=1］	-0.749*	0.473	0.407	0.066
［在本村生活水平=2］	-0.716**	0.489	0.361	0.047

续表

变量	B 系数	Exp（B）	标准误	p 值
子女孝敬程度	−0.413	0.662	0.303	0.174
是否担心养老问题	0.014	1.014	0.200	0.946
［养老了解程度＝1］	0.594**	1.811	0.278	0.033
［养老了解程度＝2］	0.849***	2.337	0.281	0.003
是否拥有土地	−0.177	0.838	0.249	0.477
［人均月收入＝1］	1.985**	7.279	0.850	0.019
［人均月收入＝2］	1.933**	6.910	0.839	0.021
［人均月收入＝3］	1.813**	6.129	0.814	0.026
居住情况	−0.281	0.755	0.861	0.744
Y＝3（精神慰藉）				
性别	−0.079	0.924	0.286	0.782
年龄	14.963	3150274.028	2644.691	0.995
婚姻状况	−0.196	0.822	0.787	0.803
文化程度	−0.132	0.876	1.268	0.917
［健康状况＝1］	1.719***	5.579	0.620	0.006
［经济来源＝1］	−0.994**	0.370	0.426	0.020
在本村生活水平	−0.694	0.500	0.597	0.245
子女孝敬程度	−15.433	0.000	2224.368	0.994
是否担心养老问题	0.249	1.283	0.300	0.407
对养老服务项目了解程度	0.021	1.021	0.345	0.952
［是否拥有土地＝0］	0.590*	1.804	0.302	0.051
［人均月收入＝1］	−1.315*	0.268	0.724	0.069

变量	B 系数	Exp（B）	标准误	p 值
［居住情况=1］	14.636***	2271611.388	0.764	0.000
［居住情况=2］	15.335***	4569891.405	0.296	0.000
［居住情况=3］	13.839***	1023767.492	0.857	0.000

注：*、**、***分别表示10%、5%、1%的显著性水平。

因此，农村居民养老服务项目需求的影响因素可以根据回归结果分析如下。

1. 个体特征影响因素分析

如表6-16所示，健康状况对"社会参与"和"精神慰藉"养老服务项目选择具有显著正向影响。这表明相对于其他项目，患有重大疾病的居民对"社会参与"和"精神慰藉"养老服务项目需求更大，主要因为重大疾病缠身，老年人的身体机能逐渐衰弱，生活自理能力下降，并且治疗疾病花销大，故而对政府补贴、社会组织的关爱和精神慰藉需求不断上升。在样本数据中，患有重大疾病的人数占总调查人数的5%左右，他们选择"社会参与"和"精神慰藉"养老服务项目需求的可能性相对于医疗护理，要高出近5.58［5.58=Exp（B）］倍，这主要是因为身患疑难杂症的病人，在现有科技发展水平以及家庭收入限制下，花费更大的金钱投入治疗是一种巨大负担，他们更愿意选择的是一种关怀。

2. 家庭特征影响因素分析

如表6-16所示，独居家庭的老人相较于"医疗护理"养老服务项目需求，更加愿意选择"精神慰藉"养老服务项目需求，并且选择"精神慰藉"养老服务项目需求的概率是2271611.39［2271611.39=

Exp（B）〕倍；这是因为老人常年独居比较孤独与寂寞，与子女的交流很少，更加渴望有子女亲人在身边。

与配偶居住、与子女居住的老人相比与其他亲属同住的老人，对"精神慰藉"养老服务项目需求有显著正向的关系，这是因为相比自己的子女、自己的配偶，其他亲属之间的关系并非那么好，更难以享受到天伦之乐，故而对"精神慰藉"服务项目需求更大。

3. 认知特征影响因素分析

剔除不显著自变量后，确定认知需求特征中有唯一的"对养老服务项目了解程度"因素对养老服务项目选择具有显著影响。如表 6-16 所示，农村居民对养老服务项目的了解程度对"社会参与"选择具有显著正向影响。这表明，随着农村居民对养老服务项目了解程度的提高，农村居民对"社会参与"养老服务项目选择的需求越大。主要是因为认识指导实践，农村居民对养老服务项目和相关养老政策的认识程度越高，会越重视自身身体状况和养老质量，越容易选择适合自己的养老服务方式，因此对"社会参与"等养老服务项目的需求越大。其中，以对养老服务项目了解程度较好的老人为参照，了解程度差或者一般的农村居民相比"医疗护理"养老服务项目需求更愿意选择"社会参与"养老服务项目需求。

4. 生产要素特征影响因素分析

逐步剔除不显著自变量后，确定生产要素特征中有 2 个因素至少对一种养老服务项目选择具有显著影响。如表 6-16 所示，在本村的生活水平对"社会参与"养老服务项目需求有负向影响；而是否拥有土地则对"精神慰藉"养老服务项目需求有正向影响。相比生活水平较高的农村居民，生活水平低的农村居民苦于生计，急需国家、政府的养老产业帮扶，社会组织的关爱，故而对"社会参与"养老服务项目需求度远高于生活水平较高的农村居民。土地是农村居民的生产之本，没有土地的农村居民就很难有种植等农业收入，各种粮食蔬菜都需要自购，无疑加大了生活负担。所以没有土地的农村居民更加倾向于国家政府的养老产业帮扶，渴望以此解决基本生活问题，对"精神慰藉"养老服务项目需求就更小。

5. 经济特征影响因素分析

逐步剔除不显著自变量后，确定经济特征中有 2 个因素至少对一种养老服务项目选择具有显著影响。如表 6-16 所示，经济来源对"精神慰藉"等养老服务项目选择均有显著负向影响。在所有样本中，月收入 2000 元以下的占 32%，说明被调查农村居民生活水平普遍偏低，农村居民依靠自身劳动获取经济报酬的占比为 82.6%。大部分农村居民有较强的"经济独立"倾向，伴随农村居民经济独立性的增强，故而农村居民对"精神慰藉"养老服务项目的需求逐渐减弱。人均月收入则对"社会参与"等养老服务项目有显著正向影响；相比月收入高的农村居民，月收入越低，日常生活开支越少，幸福感也会相应削弱，故而对于国家政府等社会组织的养老服务项目需求更大，从而对"社会参与"的养老服务项目需求更大。

第七章

农村养老服务供给实证检验

第一节　农村养老服务精准供给的理论逻辑

一、农村养老服务精准供给的内涵

研究农村养老服务精准供给首先要明晰精准供给的定义，即什么是精准供给。"精准化"源于泰勒的管理学，强调管理者做事的精准性。在我国，"精准化"应用于社会治理领域始于 2013 年习近平总书记提出的"精准扶贫战略"，目的是实现扶贫工作中进出与管理的高效化，进而实现我国全面建成小康社会的目标。紧接着 2015 年我国又提出"供给侧结构性改革"的概念，与精准化相结合，形成"精准供给"的理念，被广泛应用。"精"指精细，"准"指准确，"供"指提供，"给"指给予。农村养老服务精准供给指的就是从供给侧的角度出发，以农村老年人为目标群体，对其养老服务需求进行精细分析、准确识别、合理配置资源，以实现养老服务供需的精准对接，为老人提供区别式、差异化的养老服务，从而帮老年人过上安定祥和的老年生活。

二、农村养老服务精准供给的理论逻辑

（一）供需均衡理论：养老服务精准供给是实现供需均衡的内在要求

供给与需求是促进经济社会运行的主要力量，养老服务作为社会中重要商品之一，自然符合市场供给与需求的规律。与其他商品不同，养老服务商品的性质较为复杂。根据公共产品的判定标准可知，具有完全非排他性与完全非竞争性的商品是纯公共产品，不完全具有非竞争性与非排他性的商品是准公共产品，而两种特性都不具有的是私人物品。我国的农村养老服务产品的种类是这三种的结合，既有政府完全承担费用的养老服务，又有政府低价购买与市场供给主体合作提供的养老服务，还有老人完全承担费用的即完全由市场提供的养老服务。当养老服务为私人产品只由市场提供时，市场消费具有自发调节功能，会通过价格机制获取农村居民养老服务需求偏好，进而不断调整养老服务供给，达到供需均衡，精准供给的目的是实现盈利。然而，当养老服务为纯公共产品，完全由政府提供或者为准公共产品，由政府和市场联合提供时情况就会不同。萨缪尔森指出：实现公共物品有效供给有两个限制性假设：一是具备一个万能计划人，其能够了解消费者的价格偏好、生产可能性以及伦理价值判断；二是获取信息的交易成本为零。如图 7-1 所示，其中，P 表示消费者对公共产品愿意支付的价格，P1+P2 表示所有消费者对公共产品愿意支付价格的总和，S 是供给曲线。E 是 S 曲线与 P1+P2 曲线的交点，此时是公共产品的最优供给和消费量。然而这只是假设一与假设二都成立的理想情况，显然现实中假设一中万能的计划者是不存在的，假设二中农村老年人作为理性经济人，也不会轻易显露出自己的需求偏好，因此供给主体获取信息需要支付大量的费用，它们不愿也不会去获取如此详细的养老服务需求信息。这样的情况下"信息不

对称""搭便车"的现象就很容易出现在养老服务的供给与需求过程
中，供求状况通常是失衡的，会出现供给主体提供的养老服务并不是农
村老年人真正想要的养老服务，即"供给过剩"的现象以及想要享受
某养老服务的人未必能获得服务，而没有为此付出偏好显露成本的人却
得到了此项养老服务，即养老服务"供给不足"的现象。可以看出想
要避免"供给过剩"与"供给不足"，实现养老服务供需均衡，必须充
分了解与掌握老年人养老服务需求状况以及支付能力的信息。而精准供
给旨在准确识别老年人需求偏好，掌握老年人各项基本情况，提供差异
化的养老服务，实现养老服务供需均衡，促进个人效用与社会效用双重
最优的内在要求。

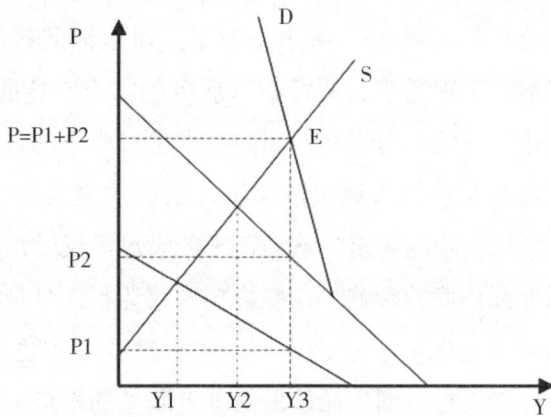

图7-1　公共产品最优供给均衡图

（二）需求层次理论：养老服务精准供给是满足多层次需求的有
效途径

需求层次理论是由马斯洛提出的激励理论，属于心理学的范畴，后
被广泛应用于社会学、政治学、经济学的研究。马斯洛认为人有五个层
次的需要：生理需求、安全需求、爱和归属需求、尊重需求和自我实现

需求。生理需求是人们最基础的生存需求，如人需要吃饭、喝水、睡觉，基本生理需求得不到满足就会死亡，因此是最低级的需求；安全需求也就是所谓的安全感，如人的生命财产安全，有可供居住的房子、有稳定的工作；爱和归属需求是指人们对与他人建立情感联系的需求，如同事关系、同学关系、情侣关系；尊重需求包括两种，对自己的尊重和对他人的尊重；自我实现的需求指通过自身努力实现梦想，取得成功而得到的满足感，是最高层次的需求。马斯洛指出这五种需求每一种都很重要，并且是从低到高依次排列的，构成一种"金字塔"结构。

　　养老服务的内容主要包括对老人的生活照料服务、医疗护理服务、精神慰藉服务、文化娱乐服务、人际交往服务以及满足老年人自我实现的服务即"老有所为"。农村老年人对各种养老服务的需求与马斯洛需求层次理论相符合。如图 7-2 所示，老年人对生活照料的需求对应需求层次里最基本的生理需求，医疗护理服务的需求对应的是安全需求，精神慰藉和文化娱乐既有对爱和归属的需求也有尊重的需求，人际交往满足老年人对自我与对他人尊重的需求，最后"老有所为"是满足老年人自身价值得以实现的需求。然而需求的满足不仅受自身内部因素的影响，也受到外部环境的影响，这些影响导致老年人自身特征呈现出差异化，进而其对养老服务需求也不同，并且这些需求也不是一成不变的。首先同一位老人在不同生命阶段对养老服务的需求不同，例如，初步进入老年阶段的老年人大多身体康健，没有或者很少有生活照料的需求，转而会对精神慰藉、文化娱乐以及自我实现的需求度较高。随着老年人年龄的增长，老年人身体状况下降，最基本的生活自理能力达不到满足时就会减少高层次的养老服务需求，转而对低层次的生活照料服务需求度更高。其次，不同群体的老年人对养老服务需求也不同，失能失智老年群体对生活照料的需求度更高，失独孤寡老人对精神慰藉的需求度较高。最后，由于经济发展不平衡，不同地区的老年群体对养老服务

需求也呈现出差异化。中西部的农村地区经济较为困难，对养老服务的
需求主要体现在生活照料服务和医疗护理服务两方面；而我国东部地区
经济较为发达，农村老年人的基本生活需求以及医疗需求基本能够满
足，因此对精神文化娱乐的需求较高。这种差异化且复杂多变的养老服
务需求就要求供给主体要及时调查、精准识别、精准供给，从而满足多
样化多层次的养老服务需求。

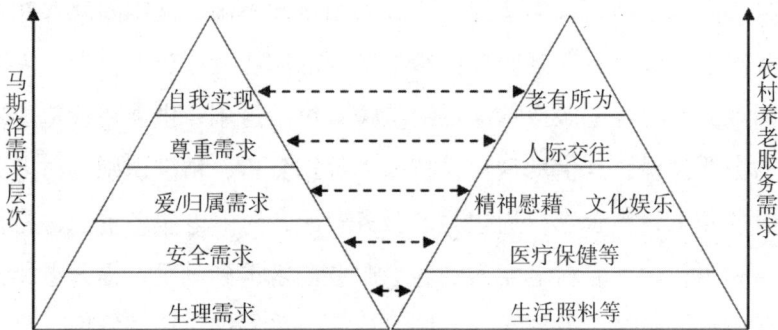

图 7-2　农村养老服务需求层次图

（三）可持续发展理论：养老服务精准供给是促进可持续发展的
重要举措

可持续发展是基于解决全球环境问题提出的，1987 年在《我们共
同的未来》这一报告中可持续发展首次被界定：可持续发展是指在满
足当代人需要的同时，不对后代的发展造成威胁。可持续发展在自然属
性、社会属性、经济属性、科技属性等方面具有不同的内涵。自然属性
的内涵是指要找到最好的生态系统以支持人类愿望的实现并且环境还能
持续健康发展；社会属性是指提高人们生活质量并创造美好生活环境；
经济属性是指经济发展要以不破坏环境质量和自然资源为基础；科技属
性是指发展先进的技术来减少能源与自然资源的损耗。从四大属性中可
以看出，可持续发展的关键在于资源的有效利用与科技的进步，资源的

有效利用旨在以最小的资源消耗达到目标的实现，换取最大的利益；而科技的进步在于缓解资源不足或促进资源的有效利用，并提高人们的生活质量。目前我国农村地区的养老服务资源匮乏且同时存在现有资源利用率不高的问题。在家庭养老功能弱化的背景下，社会养老资源利用率却不高，由民政部发布的《2022年民政事业发展统计公报》可知，2022年年末养老机构床位空置率超50%，农村地区更高。在农村地区养老服务需求不断扩大的情况下资源利用率却不高，这中间就存在着养老服务需求未满足，养老服务供给未实现的问题，造成农村老年人养老服务困难。农村养老服务精准供给是缓解供给过剩、供需错位造成资源浪费的主要途径，其借助现代科技与大数据分析，精准识别农村老人的养老服务需求，整合农村周边养老服务资源，对养老服务资源进行统筹规划与利用，确保农村老年人的养老服务需求得到满足，提升老年人晚年生活质量。可持续发展包含共同发展、公平发展、协调发展、高效发展、多维发展。农村作为我国社会整体的重要部分，对老年人养老服务精准供给有利于缓解社会发展后顾之忧，促进全社会共同发展；在城乡差距依然较大的背景下，农村养老服务精准供给可以平衡农村与城镇的不均衡，使得农村与城市实现公平与协调发展；农村养老服务精准供给利用现代技术更是促进农村养老服务高效供给、满足农村老年人多维养老服务需求不二之选。可见农村养老服务精准供给是"以人为中心""以需求为导向"，促进社会共同发展、公平协调发展、高效多维发展、可持续发展的重要举措。

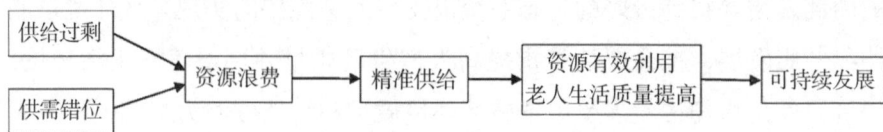

图7-3 农村养老服务可持续发展图

第二节 农村养老服务精准供给水平及影响因素分析

一、农村养老服务供给水平分析

(一) 指标选取

客观正确的量化指标选取对分析农村养老服务供给水平至关重要。因此在评价指标设定方面,参照公共产品或公共服务供给水平的衡量指标,并结合居家养老服务内容确定研究的量化评价指标。主要针对农村养老服务供给过程中不可或缺的三要素(服务人员、服务项目、服务环境)分块进行指标设计,主要包括农村养老服务供给人员数量、养老服务供给内容(提供服务项目数量)以及养老服务设施建设情况,具体评价指标如表7-1所示。

表7-1 农村养老服务供给水平量化评价指标

一级指标	二级指标	三级指标	指标类型
农村养老服务供给水平	养老服务人员供给	专职养老服务人员数量 (人)	正向指标
		兼职养老服务人员数量 (人)	正向指标
	养老服务项目供给	生活照料类服务项目供给数量 (项)	正向指标
		医疗保健类服务项目供给数量 (项)	正向指标
		精神慰藉类服务项目供给数量 (项)	正向指标
		其他服务类项目供给数量 (项)	正向指标
	养老服务设施建设	基础设施建设数量 (个)	正向指标
		养老服务设施建设数量 (个)	正向指标
		村民对设施建设情况满意度评分 (分)	正向指标

（二）综合评价分析

1. 模型构建

熵权—Topsis 法能够不受样本量大小的限制，并避免打分评价带来的主观行为影响。因此，构建熵权—Topsis 模型对农村养老服务供给水平进行分析。具体步骤如下。

第一步，形成初始决策矩阵。根据调查的 378 份样本村庄的数据，建立包含 W 个样本村庄数据集，Z 个评价指标的初始决策矩阵 A。其中 W=378，Z=9，用 Z 个指标以评价 W 个样本村庄的养老服务供给水平，第 j 个样本的指标值为 m_{ij}，由此构建初始决策矩阵（m_{ij}）a×b。

$$A = \begin{bmatrix} m11 & m12 & m13 & \cdots\cdots & m1z \\ m21 & m22 & m23 & \cdots\cdots & m2z \\ \cdots\cdots & & & & \\ ma1 & ma2 & ma3 & \cdots\cdots & maz \end{bmatrix} \quad （式7-1）$$

第二步，对初始矩阵进行无量纲化。由于研究选取指标皆为正向指标，因此对数据按正向指标处理公式对初始决策矩阵进行无量纲化处理。

$$V_{ij} = [m_{ij} - \min(m_{ij})] / [(\max(m_j) - \min(m_j))] \quad （式7-2）$$

第三步，进行非负平移处理。熵权法需要将指标值取对数，因此数据值不能小于等于 0，因此，将所有数据值向右平移 0.0001 个单位，最终得到规范化矩阵（R_{ij}）：

$$R_{ij} = V_{ij} + 0.0001 \quad （式7-3）$$

第四步，确定指标比重，计算第 i 个评价指标下，第 j 个样本村庄的比重。

$$P_{ij} = \frac{R_{ij}}{\sum_{j=1}^{n} R_{ij}} \quad （式7-4）$$

第五步，确定熵值。

$$e_i = -\frac{1}{ln_n}\sum_{j=1}^{n} P_{ij} ln\, P_{ij} \tag{式7-5}$$

第六步，确定指标差异系数。

$$g_i = 1 - e_i \tag{式7-6}$$

第七步，计算权重 W_i。

$$w_i = \frac{g_i}{\displaystyle\sum_{i=1}^{m} g_i} \tag{式7-7}$$

第八步，确定加权决策评价矩阵。对于 R_{ij} 加权，得到加权规范矩阵。

$$S_{ij} = W_i \cdot R_{ij} \tag{式7-8}$$

第九步，计算各个评价对象的正理想解 S^+ 与负理想解 S^-。

$$S^+ = (S_1^+,\ S_2^+,\ S_3^+ \cdots\cdots S_m^+) = \{max\, S_{ij} \mid i = 1,\ 2,\ \cdots\cdots m\} \tag{式7-9}$$

$$S^- = (S_1^-,\ S_2^-,\ S_3^- \cdots\cdots S_m^-) = \{max\, S_{ij} \mid i = 1,\ 2,\ \cdots\cdots m\} \tag{式7-10}$$

第十步，计算每个评价对象距离正理想解和负理想解的欧式距离，记作 D^+ 和 D^-。

$$D_i^+ = \sqrt{\sum_{i=1}^{m} (S_{ij} - S_i^+)^2} \tag{式7-11}$$

$$D_i^- = \sqrt{\sum_{i=1}^{m} (S_{ij} - S_i^-)^2} \tag{式7-12}$$

第十一步，计算各评价对象与理想解的相对贴近度 C_i，贴近度与养老服务供给水平呈正相关关系，$C_i = 1$ 时，表示养老服务供给水平处于最优状态。

$$C_i = \frac{D_i^-}{D_i^- + D_i^+}$$ （式7-13）

2. 各指标权重计算

根据已经构建的农村养老服务水平指标体系，用熵权法计算的评价指标权重结果如下表7-2所示。可以看出，养老服务项目供给的权重最高，为46.30%，其中生活照料类服务权重为12.60%，医疗保健类服务权重为7.50%，精神慰藉类服务权重为14.60%，其他服务权重为11.60%。养老服务设施权重为27.00%，其中基础设施权重为10.70%，养老设施为9.20%，设施评分状况为7.10%。养老服务人员供给的权重为26.70%，专职养老服务人员权重为13.90%，兼职养老服务人员权重为12.80%。

表7-2 农村养老服务供给水平各指标权重

一级指标	二级指标	熵值 e	效用值 d	分权重	总权重
养老服务人员供给	专职养老服务人员数量	0.947	0.053	13.90%	26.70%
	兼职养老服务人员数量	0.951	0.049	12.80%	
养老服务设施建设	基础设施数量	0.959	0.041	10.70%	27.00%
	养老设施数量	0.965	0.035	9.20%	
	设施评分状况	0.973	0.027	7.10%	
养老服务项目供给	生活照料类服务数量	0.952	0.048	12.60%	46.30%
	医疗保健类服务数量	0.972	0.028	7.50%	
	精神慰藉类服务数量	0.945	0.055	14.60%	
	其他服务数量	0.956	0.044	11.60%	

3. 相对贴近度计算

根据熵权法计算出的权重算出各个评价指标的正理想解（A^+）和

负理想解（A⁻）。9 个评价指标的正理想解和负理想解值计算结果如表
7-3 所示。

表 7-3 农村养老服务供给水平正负理想解计算结果

项	正理想解	负理想解
专职养老服务人员数量	0.26040247	0.00000174
兼职养老服务人员数量	0.23063590	0.00000177
基础设施数量	0.08138904	0.00000163
养老设施数量	0.09667164	0.00000322
设施评分状况	0.10242749	0.00000256
生活照料类服务数量	0.10757122	0.00000179
医疗保健类服务数量	0.09355906	0.00000187
精神慰藉类服务数量	0.09622382	0.00000241
其他服务数量	0.15284089	0.00000255

接着计算各个样本村庄的相对贴近度，并进行排序。相对贴近度可
以体现出每个样本村庄的养老服务供给水平与养老服务最高供给水平的
接近程度。相对贴近度最大范围为 1，因此某个样本村庄的养老服务供
给水平的相对贴近度越接近 1，说明其养老服务供给水平越高。如表 7-
4 所示，由于样本太多，表 7-4 仅展示部分样本村庄的相对贴近度和排
序情况。

表 7-4 样本村庄养老服务供给水平相对贴近度及其排序情况

样本村	正理想解距离（D⁺）	负理想解距离（D⁻）	相对贴近度	排序
样本村 1	0.0434008	0.1277123	0.7463618	1
样本村 2	0.0469770	0.1205520	0.7195886	2
样本村 3	0.1160916	0.0858269	0.4250571	19

续表

样本村	正理想解距离（D+）	负理想解距离（D-）	相对贴近度	排序
样本村 4	0.0914200	0.0978746	0.5170491	8
样本村 5	0.0993386	0.0799795	0.4460201	15
样本村 6	0.1121515	0.0753734	0.4019379	26
……	……	……	……	……
样本村 376	0.1372468	0.0268104	0.1634211	348
样本村 377	0.1406525	0.0245730	0.1487239	353
样本村 378	0.1481942	0.0190686	0.1140040	365

基于相对贴近度的计算结果，将其分为 5 个范围，如表 7-5 所示，可见所调查的 378 个村庄中相对贴近度在 0 到 0.2 的有 62 个，0.2 到 0.4 的有 288 个，0.4 到 0.6 的有 24 个，0.6 以上的只有 4 个。可见所调查的样本村庄的养老服务供给水平大多位于中等水平偏下。

表 7-5　样本村庄养老服务供给水平得分情况

相对贴近度范围	个数	比例
[0～0.2]	62	16.40%
[0.2～0.4]	288	76.19%
[0.4～0.6]	24	6.35%
[0.6～0.8]	4	1.06%
[0.8～1]	0	0.00%

二、农村养老服务供给水平影响因素分析

（一）理论分析与研究假说

通常情况表明，首先，地区的经济发展情况会对养老服务的供给产

生影响，经济状况较好的地区不仅自身有能力提供养老服务，而且还能够吸引更多的经济活动和社会投资促进养老服务的发展，因此在养老服务供给方面经济状况好的地区很有可能比经济状况差的地区更有优势。

其次，交通便捷程度很有可能也是影响农村养老服务供给水平的因素。距离上级地区较近的农村，受到其经济辐射与带动，往往也能够得到更多的资源与机会，进而吸引更多的养老服务投资。而交通不便的地区由于可抵达性的制约，往往较难发展农村养老服务。

再次，社会关系特征也有可能影响农村养老服务供给水平，社会关系包括社会规范、社会信任、社会网络。在农村中宗族关系、邻里关系以及村内村民在各级政府事业单位工作人数都属于农村社会关系范畴。宗族关系（或有大姓）有可能是影响农村养老服务供给水平的影响因素。中国传统的乡村社会通过与宗族制度相关的血缘、与亲属制度相关的亲缘、与民间信仰制度相关的地缘为基础来整合乡村社会。不少研究表明村内宗族可以形成集体行动力量，使得在决策时能够充分考虑民意。也有学者表示当村主任来自村内的最大姓氏时，能够增加村庄公共产品供给。而除了村庄的宗族关系，邻里关系好坏也是影响村内社会信任程度高低的因素。村内社会信任水平越高，越容易产生集体行动和达成集体行动主体间的合作，社会信任水平较低的地区，公共产品的供给很有可能不足。村庄的社会网络也会对养老服务供给水平产生影响，这主要指村庄与外界联系的密切程度，以村内村民在各级政府事业单位工作人数作为特征指标。在各级政府事业单位工作的村民，出于"家乡情结"或"人情因素"，很有可能为本村带来更多的信息与资源，进而促进村内养老服务的供给。

最后，随着我国基层民主制度的不断完善，各村选举的村干部对农村发展产生的影响也越来越不容忽视。村干部是村民统一选举出来的"负责人"，村干部行为事关村内事务的建设与发展，因此村干部的能力很有可能影响农村养老服务的供给水平。村民参与自治是了解村内各项公共事务，表达自身利益需求的主要途径。村民若能够积极正向地参与村庄治理，不仅能够增强村集体凝聚力，更能够让村民的真实需求尽快落地实施，提高村内事务的推进效率。因此村民参与自治情况也很有可能影响农村养老服务供给水平。

根据以上分析，将影响农村养老服务供给水平的因素分为五类，一是经济特征，二是交通便捷程度，三是社会关系特征，四是村干部特征，五是村民参与自治情况，并提出以下假说。

假说1：经济特征对于农村养老服务供给具有显著影响。

假说2：交通便捷程度对农村养老服务供给具有显著影响。

假说3：社会关系特征对农村养老服务供给具有显著影响。

假说4：村干部特征对农村养老服务供给具有显著影响。

假说5：村民参与自治情况对农村养老服务供给具有显著影响。

（二）变量选取

1. 被解释变量

根据上文的计算结果，将衡量农村养老服务供给水平的指标——农村养老服务供给水平的相对贴近度作为被解释变量，由于被解释变量为连续性变量，因此选用线性回归模型，采用SPSS26.0统计软件进行分析。

2. 控制变量

养老服务的需求能够对农村养老服务的供给产生很大的影响，农村养老服务需求又受老年人口数量以及外出务工人员数量的影响较大，而想要探讨除养老服务需求这一影响因素外的其他因素，因此选取人口特征——包括村内60岁及以上老年人口数量、村内外出务工人员比例作为衡量农村养老服务需求的指标，将其作为控制变量纳入回归模型。

3. 解释变量

选取村域经济特征、交通便捷程度、社会关系特征、村干部特征、村民参与自治情况作为解释变量。经济特征主要包括村内居民年人均可支配收入、村集体经济效益、是否有优势产业等。交通便捷程度主要包括村与乡/镇的距离、村与区/县的距离、是否开通了公交线路到乡/镇/区/县。社会关系特征主要包括村内是否有宗族关系（或有大姓）、村内邻里关系、村内居民在各级政府事业单位工作人数。村干部特征主要包括村干部受教育程度、村干部任职时长、对村内事务了解程度。村民参与自治情况主要包括村民参与村规民约制定情况、参与公共事务管理情况，如表7-6所示。

表7-6　各变量指标赋值情况

变量名称		变量取值分布
因变量	农村养老服务供给水平（Y）	连续变量
人口特征	村内60岁及以上老年人口数量（b_1）	1＝100人及以下；2＝101~200人；3＝201~300人；4＝301~400人；5＝401人及以上
	村内外出务工人员比例（b_2）	1＝11%~20%；2＝21%~30%；3＝31%~40%；4＝41%及以上
经济特征	村内居民人均年可支配收入（x_1）	1＝10000元及以下；2＝10001~20000元；3＝20001~30000元；4＝30001元及以上
	村集体经济情况（x_2）	1＝非常差；2＝较差；3＝一般；4＝较好；5＝非常好
	是否有优势产业（x_3）	1＝是；2＝否

变量名称		变量取值分布
交通便捷程度	村与乡/镇的距离（x_4）	1=5公里及以下； 2=5.1~10公里； 3=10.1~15公里； 4=15.1及以上
	村与区/县的距离（x_5）	1=11~20公里；2=21~30公里； 3=31~40公里；4=41~50公里； 5=51公里及以上
	是否开通了公交路线到乡/镇/区/县（x_6）	1=是；2=否
社会资本特征	是否有宗族关系（或有大姓）（x_7）	1=是；2=否
	村内邻里关系（x_8）	1=互相认识但一般不往来； 2=偶尔往来，有事帮忙； 3=经常往来，互相关照
	村内居民在各级政府事业单位工作人员数量（x_9）	1=10人及以下；2=11~20人； 3=21~30人；4=31人及以上
村干部特征	村干部受教育程度（x_{10}）	1=初中及以下；2=高中；3=中专； 4=大专；5=本科及以上
	村干部工作时长（x_{11}）	1=5年及以下；2=6~10年； 3=11~15年；4=16年及以上
	对村内事务了解程度（x_{12}）	1=非常了解；2=较不了解；3=了解； 4=较为熟悉；5=非常熟悉

变量名称		变量取值分布
村民参与 自治情况	村民是否积极参与村规民约制定情况（x_{13}）	1＝是；2＝否
	村民参与公共事务管理情况（x_{14}）	1＝基本不参与；2＝参与一些；3＝积极参与

（三）多元线性回归分析

1. 模型构建

为研究这些特征变量对农村养老服务供给水平的影响，接下来建立多元线性模型进一步分析。由于文中的因变量为连续变量，自变量的个数为多个，因此建立多元线性回归模型：

$$Y = \alpha_0 + \beta_1 x_1 + \beta_2 x_2 + \cdots + \delta_1 b_1 + \delta_2 b_2 + \varepsilon \quad （式7-14）$$

式7-14中，Y 表示农村养老服务供给水平相对贴近度值，α_0 为常数项，β_{ij} 为解释变量的回归系数，δ_1、δ_2 为控制变量回归系数。x_i 为各解释变量，b_1、b_2 为两个控制变量，分别为村内60岁及以上老年人口数量、村外出务工人员比例，ε 为误差项。

2. 回归结果及分析

将农村养老服务供给水平、作为控制变量的村人口特征，以及其他自变量包括经济特征、交通便捷程度、社会关系特征、村干部特征、村民自治情况等变量依次纳入回归模型中进行回归分析，分别得到模型1、模型2、模型3、模型4、模型5的回归结果，如表7-7所示。在模型1、模型2、模型3、模型4、模型5中，容差皆为0.8以上，大于0.1，且VIF都小于10，表示在5个模型中各自变量之间不存在多重共线性。

表 7-7 农村养老服务供给水平影响因素回归结果

变量指标	模型 1	模型 2	模型 3	模型 4	模型 5
60 岁及以上老年人口数量	0.051*** (12.579)	0.050*** (12.528)	0.050*** (12.023)	0.056*** (13.647)	0.053*** (12.447)
村外出务工人员比例	0.021*** (5.179)	0.016*** (3.896)	0.021*** (5.17)	0.024*** (5.826)	0.024*** (5.772)
村集体经济情况	0.015*** (4.297)				
村内人均可支配收入	0.014*** (3.522)				
是否存在优势产业	0.009 (1.196)				
到乡/镇距离		-0.013*** (-3.086)			
到区/县距离		-0.015*** (-4.153)			
是否开通了公交线路到乡/镇/区/县		0.019** (2.601)			
是否有宗族关系（或有大姓）			0.019*** (2.628)		
村邻里关系			0.020*** (2.712)		
村内居民在各级政府事业单位工作人员数量			0.015*** (3.579)		
村干部受教育程度				0.011** (2.430)	
村干部工作时长				0.003 (0.798)	

变量指标	模型 1	模型 2	模型 3	模型 4	模型 5
村内事务了解程度				-0.003 (0.382)	
村民是否积极参与 村规民约制定情况					0.002 (0.329)
村民参与村内其他 公共事务管理情况					0.015*** (2.731)
（常量）	0.013 (0.760)	0.159*** (6.955)	-0.012 (-0.504)	0.041 (1.516)	0.052 (2.706)
R^2	0.479	0.495	0.464	0.434	0.435
F	68.410***	72.841***	64.219***	56.937***	71.929***

注：***、**、*表示显著性水平为 0.01、0.05、0.1。

在回归结果中，控制村人口特征后，经济特征中的村集体经济情况、村人均年收入对农村养老服务供给水平有显著影响。村集体经济情况回归系数 B=0.015，且 P<0.01，意味着村集体经济情况会对农村养老服务供给水平产生正向显著影响，且村集体经济每提升一个等级，农村养老服务供给水平提升 0.015。村年人均可支配收入回归系数 B=0.014>0，且 P<0.01，意味着村年人均可支配收入会对农村养老服务供给水平产生正向显著影响，且村年人均可支配收入每提升一个等级，农村养老服务供给水平提升 0.014。经济特征中是否存在优势产业回归系数 B=0.09，P=0.232，意味着是否存在优势产业对农村养老服务供给水平没有显著影响。

交通便捷程度特征中的到乡/镇的距离、到县/区的距离，是否开通了公交路线到乡/镇区/县对农村养老服务供给水平有显著影响。到乡/

镇的距离回归系数 B＝-0.013<0，且 P<0.01，意味着到乡/镇的距离对农村养老服务供给水平产生在 0.01 的显著水平上产生负向影响，且到乡/镇的距离每减少一个等级，农村养老服务供给水平提高 0.013。到区/县的距离回归系数 B＝-0.015<0，P<0.01，意味着到区/县的距离对农村养老服务供给水平在 0.01 的显著水平上产生负向影响，且到区/县的距离每减少一个等级，农村养老服务供给水平则提高 0.015。是否开通公交路线到乡/镇/区/县回归系数 B＝0.019，P<0.05，意味着是否开通交通路线到乡/镇/区/县对农村养老服务供给水平在 0.05 的显著水平上产生正向影响，且开通了公交路线到乡/镇/区/县的农村养老服务供给水平比未开通公交路线的农村养老服务供给水平高 0.019。

村社会关系特征中是否有宗族关系（或有大姓）、村内居民在各级政府事业单位工作人数对农村养老服务供给水平有显著影响。是否有宗族关系（或有大姓）回归系数 B＝0.019>0，P<0.01，意味着是否有宗族关系（或有大姓）对农村养老服务供给水平在 0.01 的显著水平上产生正向影响，且有宗族关系（或有大姓）的村庄的农村养老服务供给水平比没有宗族关系（或大姓）的村庄的农村养老服务供给水平高0.019。村邻里关系回归系数 B＝0.02，P<0.01，意味着村邻里关系对农村养老服务供给水平在 0.01 的显著水平上产生正向影响，且村邻里关系每提升一个等级，农村养老服务供给水平则提高 0.02。村内居民在各级政府事业单位人数回归系数 B＝0.015>0，P<0.01，意味着村内居民在各级政府事业单位工作人数在 0.01 的显著水平上产生正向影响，且村内居民在各级政府事业单位工作人数每提高一个等级，农村养老服务供给水平则提高 0.015。

村干部受教育程度对农村养老服务供给水平有显著影响。村干部受教育程度回归系数 B＝0.011，P<0.05，意味着村干部受教育程度对农村养老服务供给水平在 0.05 的显著水平上产生正向影响，且村干部受

教育程度每提高一个等级，农村养老服务供给水平则提高 0.011。村干部工作时长回归系数 B=0.03>0，P=0.425，意味着村干部工作时长对农村养老服务供给水平没有影响。村干部对村内事务的了解程度回归系数 B=−0.003，P=0.383，意味着村干部对村内事务的了解程度对农村养老服务供给水平没有影响。

村民参与其他公共事务管理的情况对农村养老服务供给水平有显著影响。村民参与其他公共事务管理情况回归系数 B=0.015，P<0.01，意味着村民参与其他公共事务管理情况对农村养老服务供给水平在0.01 的显著水平上产生正向影响，且村民参与其他公共事务管理情况每提高一个等级，农村养老服务供给水平则提高 0.015。村民是否积极参与村规民约制定情况回归系数 B=0.002，P=0.742，意味着村民是否积极参与村规民约制定情况对农村养老服务供给水平情况没有影响。

（四）稳健性检验

在样本数量较多的情况下，样本特征之间的差异性较大，可能会对回归结果的显著性造成影响。因此，采用子样本的方法对回归结果进行稳健性检验。村的地势特征分为非山地、山地两种。不同的地理地势会对村的经济状况、交通便捷程度、教育水平、社会资本等造成影响，因此在包含不同地理地势特征且数量较多的总样本中，解释变量对农村养老服务供给水平的影响更容易显著。而抽取相同地理地势的子样本进行检验，抛开地势对各个解释变量的影响后，各解释变量的回归结果还能够呈现显著性，则说明通过了稳健性检验。因此，随机抽取地势为山地的 227 个样本村再次进行回归分析，回归结果如表 7-8 所示。结果表明，在同为山地的样本村中，村集体经济、村年人均可支配收入、村到乡/镇的距离、村到区/县的距离、是否开通了公交路线到乡/镇/区/县、村内是否有宗族关系（或有大姓）、村内邻里关系、村内居民在各级政

府事业单位工作人员数量、村干部受教育程度、村内居民参与其他公共
事务的情况依然是农村养老服务供给水平的影响因素，与总样本回归结
果基本一致，因此研究结论是稳健的。

表7-8　稳健性检验结果

变量指标	模型1	模型2	模型3	模型4	模型5
60岁及以上老年人口数量	0.054*** (10.834)	0.053*** (10.542)	0.057*** (9.560)	0.060*** (10.830)	0.061*** (10.490)
村外出务工人员比例	0.022*** (4.196)	0.016*** (2.891)	0.021*** (3.136)	0.021*** (3.338)	0.024*** (3.805)
村集体经济情况	0.016*** (3.499)				
村内年人均可支配收入	0.013*** (2.635)				
是否存在优势产业	-0.003 (-0.292)				
到乡/镇距离		-0.012*** (-2.127)			
到区/县距离		-0.012** (-2.394)			
是否开通了公交线路到乡/镇/区/县		0.028** (2.928)			
是否有宗族关系（或有大姓）			0.022** (2.429)		
村邻里关系			0.019** (2.144)		
村内居民在各级政府事业单位工作人员数量			0.020*** (3.785)		

变量指标	模型1	模型2	模型3	模型4	模型5
村干部受教育程度				0.017*** (4.587)	
村干部工作时间				−0.001 (−0.255)	
对村内事务了解程度				−0.004 (−1.038)	
村民是否积极参与 村规民约制定情况					−0.005 (−0.582)
村民参与其他 公共事务情况					0.014** (2.129)
（常量）	0.016 (0.708)	0.127*** (4.157)	−0.037 (−1.232)	0.021 (0.641)	0.049** (2.029)
R方	0.520	0.537	0.526	0.495	0.485
F	47.962***	51.204***	48.989***	43.299***	52.272***

注：***、**、*表示显著性水平为0.01、0.05、0.1。

三、主要结论

基于上述分析，可得出目前农村养老服务供给水平程度依然较低。经济特征中的村集体经济情况、村人均可支配收入对农村养老服务供给水平有显著正向影响；交通便捷程度特征中村到乡/镇的距离、到区/县的距离对农村养老服务供给水平有显著负向影响，是否开通了公交路线到乡/镇/区/县对农村养老服务供给水平有显著正向影响；村社会资本特征中是否有宗族关系（或有大姓）、村邻里关系、村内居民在各级政府事业单位工作人数对农村养老服务有显著正向影响；村干部特征中村干部受教育程度对农村养老服务供给水平有显著正向影响；村民参与自治情况特征中，村民参与其他公共事务管理的情况对农村养老服务供给水平有显著正向影响。

第三节 农村养老服务精准供给的制约因素

一、需求识别制约：农村养老服务需求内容识别困难

养老服务需求内容的精准识别是养老服务精准供给的前提，然而目前我国农村养老服务需求识别较为困难，阻碍了农村养老服务的精准供给，主要有以下三个原因：一是老年人自身需求表达困难。从表达意愿上来看，受传统文化的影响，家庭在农村老年人心中占有重要的地位，家人是其情感表达的首要人选，当老年人自身产生养老服务需求时更愿意向最为亲近的人表达，不愿对外表述。当子女不在身边，必须向外界表达时更愿意在群体中，并且往往处于观望状态，羞于或怯于表达自己的利益偏好。也有部分老人存有消极心态，认为政府不会着力解决个人需求，从而抑制了他们的表达意愿。从表达能力上看，由于农村老年人的经济水平、文化素养、法律意识及受教育程度偏低，缺乏准确无误表达自己养老需求的能力，有些老人甚至对自身的身体状况都表达不清，只有贴身照顾与陪伴的亲人或家属才略知一二。二是缺乏完善的表达机制，政府在维护社会公平、设置利益表达机制、采纳表达结果方面发挥着主导作用。然而在实际情况中尽管设立有听证会、座谈会，还有自媒体网络等方式以供老年人表达需求，但现实情况下利用率却不高，即使老年人自下而上准确表达了自身的养老服务诉求，面对层级复杂表达机制，很容易出现养老服务需求传达不顺畅的问题。三是我国农村老年人数量庞大、工作量庞大、信息收集困难。想要实现农村养老服务的精准

化供给，必须提供差异化的养老服务。提供差异化的养老服务就要知道不同的老年人详细的需求，然而这项工作并不是一蹴而就的，需要对老年人进行深入调查及分类管理，根据我国现在的实际情况，想要完成这项工作还要一定的时间。

二、主体协同制约：农村养老服务多主体协同供给不协调

目前我国农村养老服务供给主体主要包括家庭、政府、市场和社会组织，每个供给主体有着其他主体所不具有的优势与作用，各主体协同合作才能够满足差异化养老服务的需求，而目前多主体协同供给不协调制约着养老服务的精准供给。主要表现在：一是家庭养老服务功能弱化。自古以来家庭都是农村老年人养老服务的首要选择，最了解老年人需求状况的是其家人。然而随着社会经济的不断发展，城乡经济的二元化结构特征使得农村青壮年劳动力大量外流，农村老人们留守在家无人看护，孝文化观念逐渐淡薄，部分子女出于"经济理性"拿钱养老的情况越来越多，忽视对农村老人的心灵关怀，农村熟人社会的约束力下降，道德约束逐渐失灵，家庭伦理关系逐渐由双向负责转变成父母对子女的单向抚养，老年人的日常生活照料、精神慰藉等在不同程度上得不到满足，家庭养老服务供给可能会逐渐丧失。二是农村地区养老服务供给中政府缺位现象严重，兜底作用收效甚微。计划经济时期，农村老人养老服务被视为家庭的内部问题，只有鳏寡老人才能享受到五保供养的福利，其供给也是靠村社自足。随着人民公社制度的破裂，家庭联产承包责任制建立后，农村养老服务依然延续之前的五保供养模式，政府责任仍然缺位，直到 21 世纪初，我国才第一次从国家层面对不同养老服务方式作出定位。在五保救助方面，现实情况下很多农村地区并没有实施到位，有些农村地区仅仅有两保或者一保，政府的兜底保障作用未能完全发挥，农村老人基本生活得不到保障。三是市场活力不足，参与力

度不够。由于农村地区经济较为落后，民办养老服务机构投资见效慢、盈利水平低，大多民间资本不愿参与，并且与公办养老服务机构相比，竞争压力大。另外受传统思想的影响，老人们将进养老院养老视为"子女不孝"，在村里舆论压力下羞于进养老院；再加之老人们长时间养成的勤俭节约的习惯，并不想为养老过多花费而增加子女负担，导致市场有效需求不足，缺乏活力。四是社会组织参与农村养老服务困难。政府缺乏对社会组织的有效支持，尽管政府出台了相关政策，但呈现出补缺型的特征，且缺乏有效衔接，碎片化严重，社会组织也存在自身的能力较弱、对政府过于依赖的缺点，独立参与养老服务的供给十分困难。目前，在农村，社会组织缺乏发展环境，并且农村老人们信息闭塞，老人对社会组织参与养老服务的内容知之甚少，致使社会组织无法为农村老人们提供精准的养老服务。

三、专业人才制约：农村养老服务专业人才稀缺

农村养老服务需求的多元化特征要求具备不同专业技能的养老服务人才来实现精准供给，但是我国农村养老服务人才供给现状中还存在很大的短板。首先，农村养老服务人员数量少。与城市相比，农村工作环境较差，工资水平较低，再加之养老服务工作量大，职业晋升空间较小，对农村养老服务人才特别是年轻人才缺乏吸引力。其次，我国农村养老服务从业人员专业性不强。根据上文分析，老年人有多种多样的需求，在农村地区，由于经济水平的限制，老年人的养老服务需求更多集中在生活照料以及医疗保健方面。要想实现农村养老服务需求的精准供给，必须具有具备医护专业知识与素养的服务人才。据有关调查显示，相对于全国1200万失能老人，专业的护理员需要300万，而目前全国只有30万，农村地区更少，而且农村地区工作人员普遍文化水平低、专业素质差，仅仅能够提供端茶送水、打扫洗浴等日常的生活服务，对

医疗保健、康复训练等专业知识掌握水平不高，甚至有些工作人员无证上岗，根本无法满足农村老年人更高层次的养老服务需求。另外，农村地区的养老志愿服务活动很少，受到距离、时间等因素的影响，专业对口的青年大学生参与农村养老服务的志愿活动比较困难，农村内部人员志愿意识淡薄、素质不高，很难提供长期的养老服务。最后，农村地区缺乏养老服务专业培训机制，很多养老机构的服务人员未经专业化系统化培训就上岗，既没有培训也缺乏科学性，基本养老服务供给已经非常困难，精准化供给也就不言而喻。

四、评估机制制约：农村养老服务供给监督与评估机制缺失

监督与评估包括三个阶段：事前的监督与评估、事中的监督与评估与事后的监督与评估。农村养老服务供给的三个过程中缺乏监督与评估机制导致精准化不足。首先，缺乏事前监督与评估。宏观层面上缺乏对农村养老服务行业的进入标准、行业规范以及法律法规的监督与评估，微观层面上缺乏对养老服务供给前老年人需求状况的调查与需求内容分层分类管理的监督与评估。由于缺乏监管，这部分内容进展很不到位，很多地方并没有付诸实施，导致养老服务供给主体对农村老年人的养老服务需求定位模糊。其次，缺乏对养老服务供给过程中服务质量的监督与评估。宏观层面是指对政府、市场等供给主体对养老服务的供给是否缺位、错位的监督，微观层面是指对养老服务工作人员工作过程的监督。农村养老服务人员工作素养参差不齐，在工作过程中是否按照工作标准进行服务，服务态度如何，有无虐待侮辱老人，工作内容是否针对老年人养老服务需求等，这些对于提升养老服务精准供给至关重要。最后，缺乏对养老服务供给的事后评估，宏观层面主要是指农村老年人养老服务需求是否得到满足，老年生活质量是否得到改善，微观层面上主要集中在老年人对具体养老服务的满

意度的评估，工作人员工作方式调整与改善的评估。据了解，现有的监督与评估方式过于简单与粗放，难以精准获取老年人的信息，导致养老服务精准供给效率普遍较低。

第八章

农村养老服务供需均衡及形成机理分析

第一节　理论模型与研究假说

根据文献综述和实地调查访谈,可知农村居民养老服务受供给和需求因素双方影响,主要包括政府行为、养老服务机构环境、养老服务质量等供给方因素,以及家庭关系等需求方因素。这些因素影响农村居民养老服务选择供需形成机理,需求方影响因素通过影响农村养老需求者进而影响农村居民养老服务个体选择,供给方影响因素通过影响养老服务供给者进而影响农村居民养老服务个体选择,或者存在需求方因素通过影响供给方因素进而影响农村居民养老服务个体选择,也可能供给方各因素相互影响进而间接影响农村居民养老服务个体选择。由此提出如下假说。

假说 H_1:政府行为会直接影响农村居民对养老服务的选择意愿。

假说 H_2:养老服务机构环境会直接影响农村居民对养老服务的选择意愿。

假说 H_3:养老服务机构服务质量会直接影响农村居民对养老服务的选择意愿。

假说 H_4：家庭关系会直接影响农村居民对养老服务的选择意愿。

假说 H_5：政府行为通过影响机构环境间接影响农村居民对养老服务的选择意愿。

假说 H_6：政府行为通过影响养老服务机构的服务质量间接影响农村居民对养老服务的选择意愿。

假说 H_7：政府行为通过影响家庭关系间接影响农村居民对养老服务的选择意愿。

根据上述假说，构建出对农村居民养老服务选择意愿的供需影响因素理论模型，如图 8-1 所示。

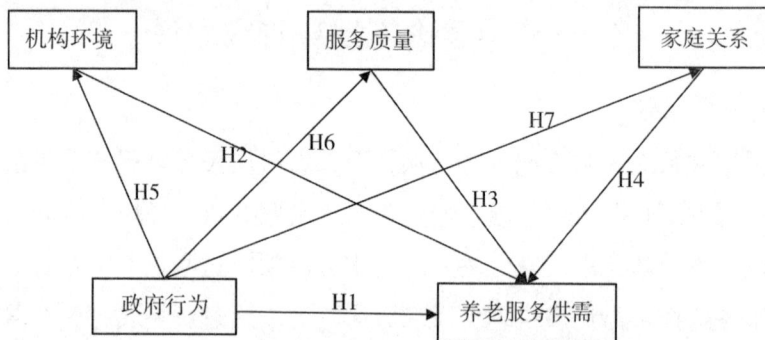

图 8-1　养老服务供需影响因素理论模型

第二节　数据描述性统计

一、受访农村居民的基本特征

从表 8-1 中可以看出，受访的农村居民男女数量接近，男性受访者稍多于女性；受访者的年龄偏高，60 岁及以上占比接近 60%；受访者绝大多数均已婚有配偶，占比为78.8%；大部分受访者的文化程度在小学及小学以下，占比72%；71%的受访者的健康状况良好，受访者中有慢性疾病和重大疾病的占少数；受访的农村居民大多数都有2~4个子女，丁克家庭占少数；受访者在总体上收入水平较低，有一些结余或很多结余的受访者仅占总数的20%。

表8-1 受访农村居民基本特征情况

变量	类别	样本量	比例（%）	变量	类别	样本量	比例（%）
性别	男	568	56.7	文化程度	本科及以上	7	0.7
	女	434	43.3		初中	213	21.3
年龄	45~59	404	40.3		大专	14	1.4
	60~74	358	35.7		高中中专	47	4.7
	75~89	226	22.6		小学	349	34.8
	90岁及以上	14	1.4		小学以下	372	37.1
收支水平	很不够用	117	11.7	婚姻	未婚	24	2.4
	比较够用	285	28.4		已婚有配偶	790	78.8
	刚好	393	39.2		离异	17	1.7
	有一些结余	190	19		丧偶	171	17.1
	很多结余	17	1.7				
健康状况	很好	138	13.8	子女个数	0	35	3.5
	较好	277	27.6		1	96	9.6
	一般	296	29.5		2	367	36.6
	有慢性病	246	24.6		3	252	25.1
	有重大疾病	45	4.5		4	121	12.1
					5个及以上	131	13.1

二、受访农村居民对养老服务的选择与认知

由表 8-2 可知，农村居民对当前养老服务项目的了解程度偏低。由表 8-3 可知，对养老服务项目，拒绝参与社会机构养老服务的占绝大多数，比例为 71.9%。这说明目前养老服务项目在农村普及水平不高，被了解程度偏低。并且，社会机构养老服务认知程度在"一般""较了解"和"非常了解"的农村居民选择参与社会机构养老服务的累积占比为 62.8%。从总体来看，认知程度越高，选择非传统家庭养老服务项目的可能性越大。

表 8-2　受访农村居民认知情况

养老服务模式认知		传统家庭养老	住村居家养老	社会机构养老	村社区养老
对现有养老服务项目的了解程度	非常不了解	137	213	239	221
	较不了解	151	259	248	282
	一般	286	267	305	235
	较了解	256	157	145	171
	非常了解	172	106	65	93

表 8-3　受访农村居民意愿情况

养老服务选择	愿意参与社会性机构养老	样本量	比例（%）
意愿选择	愿意	282	28.1
	不愿意	720	71.9

第三节　结构方程模型分析

农村居民养老服务选择供需意愿属于主观认知，较难直接测量，而

结构方程模型不仅能对预先构建的理想概念模型进行评价，也能检验概念模型结构的合理性，并验证研究假说的真伪，能较好处理这个问题。因此，采用结构方程模型分析，该模型适配度检验和假设检验的结果都符合要求，进一步探究影响农村居民养老服务供需各变量间的作用机制。

一、变量的选取

根据前文的研究假说，在变量设置时将机构环境、服务质量、家庭关系、政府行为和选择意愿这 5 个变量作为潜变量，并为这些潜变量共设置了 14 个观测变量，同时为这些变量赋予特定符号，即为潜变量政府行为设置了被访问者认为政府养老产业规划的重要度和政府养老政策出台的重要度两个观测变量，并分别赋予符号 X1 和 X2；为潜变量家庭关系设置了被访者子女孝敬程度、对子女成就评价和家庭和睦程度三个观测变量，并分别赋予符号 X3、X4 和 X5；为潜变量机构环境设置了被访者认为建设老年阅览室的重要度、建设老年娱乐室的重要度和组织文体活动的重要度三个观测变量，并分别赋予符号 X6、X7 和 X8；为潜变量服务质量设置了被访者认为机构提供洗衣助洁服务的重要度、提供家电维修服务的重要度和提供房屋维修服务的重要度三个观测变量，并分别赋予符号 X9、X10 和 X11；为潜变量选择意愿设置了被访者对机构提供上门家庭医疗护理的需求度、对机构提供保健指导的需求度和对机构提供健康教育的需求度三个观测变量，并赋予符号 X12、X13 和 X14。

二、数据效度检验

数据效度检验采用因子分析法，为结构方程模型拟合做准备。效度分析利用 KMO 和 Bartlett 样本测度对 15 个观测变量进行显著性检验，检验数据是否适合做结构方程模型。检验结果如表8-4所示，可知KMO值为0.837>0.8，Bartlett球形检验的显著性水平 p 值为0.000<0.001，说明适合进行因子分析。

表8-4　数据效度检验

检验指标		指标数值
KMO值		0.837
Bartlett球形检验	近似卡方	8691.01
	自由度 df	105
	显著性	0.000

三、模型的构建及运行结果

结构方程模型的构建主要包括构建潜变量与观测变量之间因果关系的测量模型，以及构建各潜变量内部之间因果关系的结构模型两部分。

其一，构建测量模型的公式如下：

$$X=\Lambda_X\xi+\delta \qquad (式8-1)$$

$$Y=\Lambda_Y\eta+\varepsilon \qquad (式8-2)$$

式（8-1）和式（8-2）中，X和Y分别为外生潜变量ξ和内生潜变量η的观测变量，Λ_X 和 Λ_Y 分别是X在ξ上的和Y在η上的因子负荷矩阵，δ和ε分别是X和Y的测量误差项。作为一种无法直接观测出的变量，潜变量需要通过观测变量间接测量出来。

其二，构建结构模型的公式如下：

$$\eta=\gamma\xi+\beta\eta+\zeta \qquad (式8-3)$$

式（8-3）中，γ为ξ对η影响的结构系数矩阵，β为各η之间相互影响的结构系数矩阵，ζ为随机干扰项。

将选取的5个潜变量和15个观测变量，根据前文的理论模型，利用 Amos21.0 构建并运行了结构方程模型,如图 8-2 所示。图中椭圆形和椭圆形之间的路径构成了结构模型,长方形和椭圆形之间的路径为测量模型。其结构模型共包含 5 个潜变量,相应存在 5 个测量模型,即图中 5 个椭圆形中的变量为潜变量,分别为机构环境、服务质量、政府行为、家庭关系和选择意愿,其中选择意愿为因变量(含 3 个观测变量)。图中 14 个长方形中的变量称为观测变量,可以通过问卷直接测量得到。

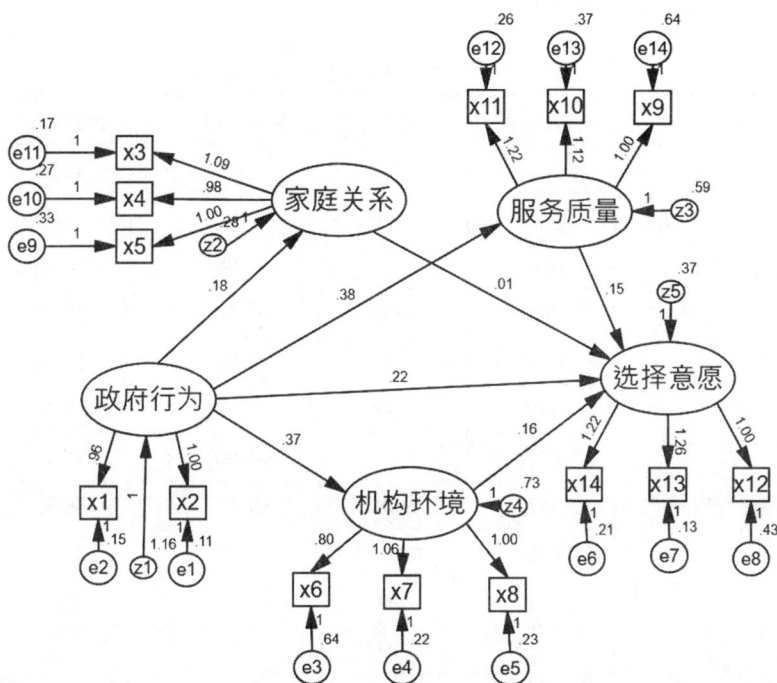

图 8-2 结构方程模型的构建及运行结果

四、模型整体拟合度检验

通过 Amos21.0 软件对构建的结构方程模型路径进行运行,得到该模型的拟合结果,如表 8-5 所示。并且由表 8-5 可知,绝对适配指数方面，卡方自由度为 1.601，介于 1~3 的理想范围，近似误差均方根为 0.046，小于 0.05，拟合优度指数和调整后的拟合优度指数分别为 0.948 和 0.922，均大于 0.90，均满足结构方程模型的基本要求。增值适配度指数中的常规拟合指数、相对拟合指数、增量拟合指数、比较拟合指数和非规范拟合指数均大于 0.90，简约适配度指数中简约拟合指数和简约规范拟合指数均大于 0.5，均符合标准。因此，结构方程模型符合评价标准，可以运用。

表 8-5　结构方程模型拟合度指数

类别	拟合指数	数值	参考标准	指数评价
绝对适配指数	χ^2/df	1.601	1~3	理想
	RMSEA	0.046	<0.05	理想
	RMR	0.050	<0.08	理想
	GFI	0.948	>0.90	理想
	AGFI	0.922	>0.90	理想
增值适配度指数	NFI	0.956	>0.90	理想
	RFI	0.942	>0.90	理想
	IFI	0.983	>0.90	理想
	CFI	0.983	>0.90	理想
	TLI	0.977	>0.90	理想
简约适配度指数	PGFI	0.632	>0.50	理想
	PNFI	0.735	>0.50	理想

五、模型假设检验

表 8-6　标准化路径系数

路径			标准化系数	标准差	显著性水平
服务质量	<---	政府行为	0.467	0.053	＊＊＊

路径			标准化系数	标准差	显著性水平
机构环境	<---	政府行为	0.42	0.053	＊＊＊
家庭关系	<---	政府行为	0.343	0.036	＊＊＊
选择意愿	<---	服务质量	0.175	0.055	＊＊
选择意愿	<---	机构环境	0.202	0.049	＊＊
选择意愿	<---	政府行为	0.325	0.05	＊＊＊
选择意愿	<---	家庭关系	0.006	0.081	0.924
X2	<---	政府行为	0.955		
X1	<---	政府行为	0.935	0.043	＊＊＊
X10	<---	服务质量	0.851	0.08	＊＊＊
X8	<---	机构环境	0.892		
X7	<---	机构环境	0.906	0.058	＊＊＊
X6	<---	机构环境	0.687	0.061	＊＊＊
X5	<---	家庭关系	0.702		
X4	<---	家庭关系	0.732	0.095	＊＊＊
X3	<---	家庭关系	0.833	0.102	＊＊＊
X12	<---	选择意愿	0.743		
X13	<---	选择意愿	0.931	0.08	＊＊＊
X14	<---	选择意愿	0.888	0.08	＊＊＊
X9	<---	服务质量	0.737		
X11	<---	服务质量	0.903	0.086	＊＊＊

注：＊表示 $P<0.05$，＊＊表示 $P<0.01$，＊＊＊表示 $P<0.001$。

根据图 8-2 所示，从模型运行的结果中，导出潜变量间以及潜变量与观测变量间的标准化路径系数，如表 8-6 所示。由表 8-6 可知，选取的 14 个观测变量的标准路径载荷系数均大于 0.6，表明这 5 个潜变量的 14 个观测变量都能够在较大程度上解释潜变量，模型整体效度水平很高。

由表 8-7 可知，潜变量间的 7 条路径中有 4 条通过了 0.001 的显著性水平检验，有 2 条通过了 0.01 的显著性水平检验，与原假说相比得到的结果如表 8-7 所示。

表 8-7　假说检验结果

原假设	路径	标准化系数	显著性水平	检验结果
H₁	选择意愿<---政府行为	0.325	＊＊＊	通过
H₂	选择意愿<---机构环境	0.202	＊＊	通过
H₃	选择意愿<---服务质量	0.175	＊＊	通过
H₄	选择意愿<---家庭关系	0.006	0.924	不通过
H₅	机构环境<---政府行为	0.42	＊＊＊	通过
H₆	服务质量<---政府行为	0.467	＊＊＊	通过
H₇	家庭关系<---政府行为	0.343	＊＊＊	通过

六、实证结果分析

（1）作为供给方因素，当地的养老服务机构环境以及机构的养老服务质量显著影响受访者对养老服务的选择意愿，其中机构环境起到的影响作用更大。根据表 8-7 可知，机构环境和服务质量对农村居民养老服务选择意愿的直接影响，均通过了 0.001 的显著性水平检验。这表明如果当地的养老服务机构能提供令受访者满意的环境和服务的话，如养老机构具有良好的阅读或娱乐活动场地，又或者能为机构的老年人提供文体活动等服务，那么更多农村受访者都愿意选择养老服务。此外，从表 8-7 中也能得知，机构环境和机构服务质量受政府行为的显著影响，政府行为，也即包括产业规划和政策出台对机构环境和服务质量通过0.001的显著性水平检验。这表明受政府良好规划和政策扶持的影响，养老机构在建设机构环境方面可能会更积极努力，在提升服务质量方面更精益求精，直接推动当地养老服务机构环境的改善和养老服务质量实质性提升。

（2）政府的行为不仅通过显著影响养老服务机构的环境和服务质量来影响养老选择意愿，也直接显著影响受访者对养老服务的选择意愿。政府行为对养老方式选择意愿的直接作用通过0.001的显著性水平检验。这说明作为供给方，政府假如强化供给行为，如出台养老服务相关政策或进行养老服务产业提升规划，则受访者的养老需求会直接得到激励。或者政府通过间接影响养老服务机构改善服务环境和提高质量水平，那么很多受访者也会愿意选择养老服务。

（3）受访者的家庭关系特征，包含对子女的孝敬程度、对子女成就评价和家庭和睦程度，对养老服务选择意愿未通过显著性水平检验。这表明如果受访者认为子女很孝顺、家庭和睦程度高，又或者认为子女有较好的事业成就，那么受访者很大概率不愿意选择养老服务；假如子女事业失败或对老人关怀不足、老人家庭关系破裂，老人可能会因为缺少家庭温暖或缺少经济支撑而选择养老服务。此外家庭关系特征受到政府行为的显著影响，表明政府在了解到农村居民的个体和家庭情况之后，很有可能会对当地养老服务政策和活动进行适当的调整。

第四节　农村养老服务供需均衡及形成机理检验结论

运用江西省11个设区市的1002个农村居民实地调查样本数据，进行了描述性统计分析，并通过建立农村居民养老服务选择供需形成机理。结构方程模型实证考查和分析了调查对象的家庭关系、养老服务机构的环境、机构服务质量、政府行为等供需因素对农村居民养老服务选择意愿的影响方向、作用路径和大小，并得出以下结论。

一是根据表 8-2 可知，大多数农村居民更倾向于传统家庭养老服务模式，这是由于大多数的调查对象年龄在 60 岁及以上，对非家庭养老服务模式知之甚少以及受中国传统观念影响。

二是养老服务选择意愿的供需影响因素众多，且影响程度各不相同。受访者所在村的养老服务机构环境、机构服务质量不同程度地显著影响着农村居民对养老服务的选择意愿，其中，养老服务机构环境所起的影响作用大于机构服务质量。这表明相较于当地机构的服务质量，受访的农村居民更关心机构环境建设，如果机构环境让他们觉得很适合生活的话，他们就很愿意再次选择接受养老服务。另外，政府对养老服务出台相关政策的行为也通过直接影响养老服务机构的环境、服务质量和农村居民的家庭关系，进而间接影响农村居民对养老服务的选择意愿，其中如果农村居民家庭关系越好，其选择养老服务的意愿越低。

第九章

农村养老服务精准供给典型案例分析

第一节　江西省新余市"党建+颐养之家" 农村养老服务供给探索

一、养老服务供给环境分析

（一）人口环境——人口老龄化程度不断加深

1999 年我国 60 岁及以上老年人口占国家总人口 10%，标志着老龄化社会的开始。我国老龄化程度日益加深，根据第七次全国人口普查的资料显示，60 岁及以上老年人已达到了 2 亿 6 千多万，占总人口的 18.70%。江西省 60 岁及以上人口为 7 624 781 人，占全省总人口 16.87%，其中 65 岁及以上人口为 5 371 021 人，占全省总人口的 11.89%，已开始通向中度老龄化社会。

（二）技术环境——数字经济为养老服务带来机遇

现阶段，数字经济蓬勃发展，以互联网、大数据、云计算、人工智能等为代表的信息技术日新月异，为养老服务提供了新的机遇、开创了新的局面。《中国数字经济发展报告》（2022）表明，在2021年，我国数字经济得到了快速的发展，数字经济规模高达45.5万亿元，较2021年增长16.2%，比同期国内生产总值高出3.4个百分点，占GDP比重39.8%。同时，数字应用方面也呈现正向转化作用，例如中国联通和中国电信共同致力于信息基础设施的建设，利用5G网络打通数字经济时代的信息大动脉。2022年江西省数字经济增加值达11 874亿元，列全国第15名，同比增长14.4%；数字产业化和产业数字化增加值分别为2141亿元、9733亿元，占数字经济总体规模比重分别为18.03%、81.97%，数字经济产业结构进一步优化，其中养老与数字技术的融合对于提高养老服务水平、改善老年人晚年生活质量产生积极影响。

（三）社会环境——健康老龄化、积极老龄化大背景

人口老龄化已经成为我国现阶段乃至今后较长时期的一项基本国情，因此破解老龄化所带来的一系列社会问题，尤其是养老服务问题就显得尤为重要。随着人口老龄化进程的不断加深，江西省出台了一系列的应对措施和办法。2019年，江西省民政厅印发了《农村互助养老服务"四助五有"基本建设标准》的通知，将"助餐、助安、助医、助娱"和"有场所、有设备、有经费、有队伍、有制度"标准纳入农村互助养老服务的建设当中，为江西省农村互助养老服务的发展奠定了基础。2020年，江西省为贯彻落实《国家积极应对人口老龄化中长期规划》《国务院办公厅关于推进养老服务发展的意见》《江西省养老服务体系建设发展三年行动计划（2019-2021年）》《关于加快补齐农村养老服务短板十条措施的通知》等文件精神，加快补齐农村养老服务短板，推行"党建+农村养老服务"模式，落实"四助五有"基本建设标准，推广"党建+颐养之家"经验，量力而行、尽力而为发展农村互助养老服务。江西省民政厅还印发了关于《农村互助养老服务设施建设

管理运营的指引》，推动江西省农村养老服务体系建设在全国作示范、勇争先，为决战决胜脱贫攻坚和实施乡村振兴战略贡献力量。2023 年，江西省根据《中共中央国务院关于加强新时代老龄工作的意见》精神，制定《江西省推进养老服务提质升级三年行动方案（2023—2025 年）》，该文件强调合理利用农村闲置资源，结合当地实际发展农村互助养老服务，为老年人提供"四助"服务，更好地满足老年人多方面的养老服务需求。

（四）经济环境——银发经济促进养老服务事业、产业发展

我国已步入中度老龄化社会，针对老年人的产品和服务供给持续增强。在应对老龄化给我国社会带来挑战的同时，也应该关注其中蕴藏的新机遇——银发经济。银发经济的快速发展为养老服务事业和养老服务产业带来了前所未有的发展机遇，商业化养老服务机构因此迎来了新的"春天"。然而，农村地区的老年人仍坚持传统的养老观念，依赖子女养老，对商业化养老服务需求动力不足，导致商业化养老服务机构在农村地区的普及程度相对较低。另一方面，由于农村青壮年多在城市务工，导致留守老人数量增多，老人的晚年生活并未得到较好的照顾。因此，2024 年 1 月 15 日国务院办公厅印发《关于发展银发经济增进老年人福祉的意见》，这是我国首个支持银发经济发展的专门文件。2024 年江西省政府工作报告提出"积极发展银发经济"。人口老龄化程度的不断加深，在给经济社会发展带来诸多挑战的同时，也带来了经济发展和创造就业机会的新机遇。当前，"银发经济"已成为我国养老服务业发展的重要组成部分。

二、养老服务供给主要做法

（一）建章立制

江西省新余市采取"党组织引领、乡村主导、部门支持、社会参

与"相结合的方式，把"党建+颐养之家"建设作为基层党组织建设的要点，并将其纳入基层干部的工作考核当中，抓牢党员同志为人民服务的工作宗旨，增强广大人民在其中的幸福感。同时，基层党支部书记作为"党建+颐养之家"的领头人，在农村养老服务发展中起着关键作用。"党建+颐养之家"的建设作为农村基层工作的重点，将其作为头等大事、要事，从颐养之家的选址、适老化设施设备的配备、实际管理人员到日常工作规范、再到吸引社会组织志愿者的参与、提升老年人幸福感等各个环节都需要书记亲自抓布局、抓落实。同时，为了加强对"颐养之家"各项资金及运营的管理，健全完善制度建设也是必不可少的。在资金管理方面，出台了《新余市农村"党建+颐养之家"项目资金管理办法》和《颐养之家运行成本管理十条》，使资金的划转及收支都能"有迹可循"；除了对资金的管理，在制度建设层面，新余市还出台了《提升"颐养之家"管理和服务办法十条》，确立"颐养之家"的服务标准，以此助推管理和服务的优化升级。

（二）因地建家

江西省新余市倡导"党建+颐养之家"的节约化建设。江西省农村范围较广、居住较为分散，尤其是在边远山区，大山里也有人居住。因此，颐养之家的选址必须慎之又慎，遵循便利是第一要义，选择老年人口相对集中、交通相对便利、经济条件相对较好的自然村建设颐养之家，采取"1+N"模式，在面积较大、分布相对分散且规模较小的自然村设置若干个小型活动点，"颐养之家"首选闲置房屋，合理利用现有资源，对闲置房屋进行适老化改造，盘活村内闲置资源，节约资金；在用人方面，在村内可设置相应的公益性岗位，比如厨师、送餐员等，降低颐养之家的用工成本；在设施配备方面，生活设施、娱乐设施等配备齐全，保障老人基本的日常生活服务所需。

（三）自我管理

虽然村党支部书记负责建设颐养之家，但颐养之家内的具体事宜需要有人出面协调和管理，新余市的做法是由村委会和村民推举声望较高、德艺双馨、古道热肠的老人或是老党员担任，成立"党建+颐养之家"理事会，由理事会负责颐养之家的人事管理、资金管理以及制度管理，实现了"老人自我管理、村级监督指导"机制。理事会成员作为颐养之家大家庭里的"大管家"，哪怕是老人的餐饮问题，也会想很多点子来解决，综合考虑了颐养之家里每位老人的口味偏好和身体情况，综合把握饭菜的口味和所需营养。此外，还推行日常刷卡用餐及粮油蔬菜等直接供应，为颐养之家提供了诸多便利。

（四）多元筹资

在资金筹措方面，新余市"颐养之家"采取"政府补助、村级配套、社会捐助、个人出资"等多元渠道，形成资金的可持续发展。在建设经费上，以政府的财政投入为主，乡贤和社会捐赠等为辅，政府为每个行政村一次性拨款 10 万元；在颐养之家的日常开销上，由老年人及市、县（区）、乡、村四级财政共筹，主要由老人承担，每位进入颐养之家的老年人每月需缴纳 200 元，以供颐养之家的日常开销。此外，各级政府补贴每人每月共 150 元，不足部分通过社会捐赠、村级经济补贴等渠道进行筹集。为了提高农村老年人自身的养老服务负担能力，新余市主要在两个方面共同发力，一是提高农村老年人的经济收入，老年人的收入主要来源于养老金、子女补贴或者村里资金分配，这就要求利用宣传弘扬传统孝文化来提高家庭转移支付水平、国家提高农村养老金标准、促进村集体经济发展等方法来提升老年人的收入；二是通过提高颐养之家的运营管理效率从而降低收费标准等方式，降低农村老年人的养老服务成本。

（五）组织管理

强化"党建+"理念，充分发挥县乡村党组织政治优势和组织优势。基层党组织了解群众切实需求，便于把握工作的重点和难点。把党建工作深入推进到农村老年人身边，以党的力量推动解决农村养老服务难题。在县级层面，特困失能老人集中到县级进行集中照护；乡级层面，做好集中供养，在乡镇的养老院、敬老院建立党小组，党员同志发挥先锋模范作用带动全社会关爱老年人，争当志愿者，营造一个有爱心、有责任心的养老氛围。组织牵头对颐养之家的设施进行适老化改造，提高颐养之家的安全性、舒适性。村级层面，由村党支部书记带头，利用现有资源建设颐养之家，包括不限于选址、改造、制度建设等，做到因地制宜的同时增进党群联系，推举老党员建立颐养之家管理委员会，进行自我管理，开展互助活动，增强老年人"自养"服务意识。

三、养老服务供给发展困境

在人口老龄化和农村老年人口占比较高的背景下，我国农村养老服务问题形势严峻。习近平总书记始终心系人民群众，对农村的养老服务问题也十分关注，提出积极老龄化战略以应对由此引发的多种社会问题，因此如何妥善解决这一问题对于维护社会经济稳定发展具有重要意义。虽然如此，但养老服务还是存在不少短板、弱项和困境。

（一）工作效率较低

1. 老人分布较广

农村老人分布较广，养老服务工作纷繁复杂，党组织秉持为人民服务的理念，以农村老年人的幸福为出发点开展工作，但是农村部分地区山路难行、老年人居住较为分散，在颐养之家选址及建设方面存在先天困难。虽然"颐养之家"采取"1＋N"的方式，在较大的村庄和人口较多的村庄建设安老院，在较分散的村庄建设小规模的活动场所，使用餐车为老年人送餐，同时在小型活动点举办各种娱乐活动，但这导致提供的养老服务效率依旧不高。

2. 照护范围较窄

在失能老人不断增加的背景下，养老服务机构中的失能老人更是与日俱增。且由于失能原因的多样化，一般性的专业照护已经不能满足个性化的需求，考虑到成本问题，亟需具备专业能力的志愿者发挥党员的先锋模范作用，带动社会志愿者、大学生志愿者积极参与到农村的养老服务中来。

医疗照护方面，由于农村地区经济水平受限，医疗服务、设施水平较为落后，农村养老服务机构在医疗保健设施上还需进一步完善，专业的医疗护理人才还相对缺乏，老年人的卫生健康专业护理、定期老人健康体检、康复理疗还未能落实到位。

精神慰藉方面，由于农村劳动力外流导致的"空心化"等现象，农村留守老人很难获得情感慰藉，缺乏精神关爱，精神健康状况不容乐观，故而需要稳定的组织定期进行心理慰藉，为老人晚年生活带来生机与活力。此外，积极探索改变固有的养老服务机构照护模式，对享受机构养老服务的农村老年人提供更多的心理慰藉服务。

（二）养老服务人才

1. 农村养老服务人员层面

随着人口老龄化的不断加深，银发经济发展势头正猛，养老服务是银发经济的重中之重，而养老服务的重中之重又是养老服务人才。

养老服务行业从业人员少。养老服务人才分为两类，一类是具有精湛的服务技能、细心周到品德优良的基层服务人员；另一类是善于管理和经营养老产业的专业管理人才。但是前者由于职业地位不高、工作内容烦琐等问题一直处在严重短缺状态；而后者又因为缺少专业化和标准化的技能知识而出现了供需不平衡的问题。二者造成了现有专业养老服务队伍人数少、专业化程度不高的现状，极不利于我国养老产业的发展。这个问题在农村更为突出，大学生毕业之后大多数人的就业选择是前往大城市工作，很少有人愿意回到农村工作，此外农村地区的工资待遇等相对城市较差，这也是大学生不愿到农村工作的客观原因之一，从而造成了农村地区养老服务专业人才的匮乏。

养老服务人员就业技能专业化程度不高。虽然目前农村已经建立了许多养老机构，但是并没有可靠的综合机制来指导和培训这方面的工作人员，现有农村养老服务行业从业人员的职业技能还不够专业且缺乏培训提高的机构，使得适合市场需求的高素质养老服务人才严重缺乏。

农村养老服务人员的就业稳定性较差。农村老年人口普遍处于低收入或无收入状态，使得农村养老机构的资金来源受限，进而影响了员工的工资和福利，特别是特殊津贴、加班费、医疗保险、残疾保险和养老保险等方面未能达到统一标准。这种不确定性导致了一些工作人员面临着生活条件低和保障不佳的问题，进而影响了农村养老服务被提供群体的稳定性。

2. 社会保障人才培养层面

从管理与经营的角度，我国在社会保障专业人才培养上存在供需结构性矛盾，虽然我国培养的社会保障人才的数量日益增长，在一定程度上满足了社会的需要，但是由于高等院校对该专业人才培养的结构与社会对人才的需求结构的匹配度较低，这导致高校无法将学生就业所需技能与课程体系设置进行有效衔接。

从照顾与护理的角度看，农村养老服务人员面临着没有接受过正规的培训及管理方式不够规范等问题。照顾老人是一项技术性、专业性要求较高的工作，需要具备一定的知识和技能。然而，愿意留在农村养老机构的护理人员学历大多以中小学为主，和高层次、强专业的养老护理人才的需求差距太大，并且在短时间内无法迅速提升。尽管我国在2002年颁布了《养老护理员国家职业资格标准》试行，规定从业人员必须经过相应的培训、考试合格才能获得资格证书，但该标准的实施效果却并不理想，使得农村养老服务人员队伍的素质和水平并未获得有效提升。而老年人的养老服务需求随着社会老龄化的加剧、家庭承担养老服务能力的下降而不断加强，这要求养老服务工作人员需不断培训、迅速成长，但目前的养老服务培训机制无法满足。

（三）养老资源供给

1. 外部资源层面

外部资源主要是指村落和老人自身以外的其他资源。随着老龄人口的逐年增加，越来越多的老年人进入高龄和失能阶段，对养老服务的需求也在不断增加，但农村社会化养老的供给严重不足。趋利而为的市场投资者普遍倾向于投资高利润的老年产业，如老年房地产、养老保健品等，而对家政服务、康复护理等虽有需求但利润较薄的行业敬而远之。

从供给层面来看，商业化的养老服务企业数量少且质量低，商业化的养老服务产业是以追求利润的最大化为目标，故而商业化的养老服务企业主要服务经济收入在中等层次及以上的老年群体，但是由于我国养老金待遇发放水平有限，养老金领取人口数量庞大，经济收入在中等及以上的老年群体并不多，因此需求更少。从我国农村养老服务的发展现状看社会组织参与互助养老的行为，政策环境相对不够宽松，且政府会对其进行引导，同时，社会组织在参与养老服务中缺乏相关的资金保障，因此，目前少有能力较强的社会组织参与农村养老服务。从国家的角度看，社会养老服务组织的投资主体单一，缺乏合理的筹资机制。目前提供养老服务的社会组织主要是通过国家财政投入来获得资金支持，但这种单一的筹资方式难以为社会组织的发展提供持续动力。

2. 内部资源层面

内部资源主要是指村落及老人自身拥有的养老资源。主要体现在三个方面。

一是农村与农村之间要素禀赋存在明显差异，部分农村地区拥有的要素资源非常丰富，但是却没有参与互助养老，与之相反的是，参与互助养老的农村却因缺乏养老资源而无法形成有效供给，这种农村要素禀赋不足与过剩的不平衡使养老资源呈现出分散的状态。

二是部分农村地区拥有很多闲置资源，这些闲置资源经过改造翻新仍可以继续为农村互助养老提供服务，如农村闲置的校舍、厂房等资源，但由于地域的分散性，导致这些资源分散在不同的村落中。

三是部分地区的乡镇养老院只提供给特困供养老人居住，很多空巢老人、失能半失能老人因不符合入住条件只能待在家中被动等待照顾，而符合条件的老人又因为身处其他村落或区域不会入住该地区的养老机构，导致有限资源不能得到充分的利用。

与此同时，农村老人在资源形态上，能够提供的资源仅限于伙食等相关的基础性物质资源，而很少能够提供技术性等方面的资源。目前，我国在农村养老服务模式上主要有传统家庭养老、社会机构养老以及互助养老这三种模式，如前所述，传统家庭养老的功能随着社会的发展逐渐弱化，社会养老机构建成之后仍然需要政府、社会组织等供给主体提供大量的人力、财力、物力的持续支持才能有效运转，互助机构主体之间又因缺乏必要的沟通平台，导致信息、数据等资源难以共享互换。

（四）社会广泛参与

1. 社会力量种类层面

社会支持作为不可或缺的一部分，对养老服务供给发展起着至关重要的作用。首先，政府部门要出台相关的优惠政策，对积极参与农村养老服务的企业和各类社会组织给予优惠，这些社会力量在承担社会责任的同时也得到了自身发展的机会，同时政府还要对农村互助养老进行宣传，提升社会各界对农村养老服务的认知度和认可度，创造良好的社会氛围，吸引各类社会力量的参与。其次，村委会成员也要对互助养老进行积极宣传，促进农村老年人对互助养老的理解和认同，例如，以在村内明显区域张贴横幅、在信息公开榜张贴海报等方式提高农村空巢老人对互助养老模式的认知度，也在一定程度上吸引乡贤的加入；另外，村委会还应该着力提升本村的经济，与社会企业相互合作，依靠本村的经济实力吸引各类社会力量扶持本村互助养老的发展。

2. 养老服务类型层面

"颐养之家"集合了众多力量，党和政府、村民等多元主体共同参与推动颐养之家进步与发展。但是社会力量参与有限，仅仅局限在社会力量筹措资金上，实际上社会主体能做的还有很多。社会医疗机构的加入、社会管理团队的加入、社会志愿服务队伍的加入都能促进颐养之家更好发展。"颐养之家"的养老服务内容大多是照顾老人的一日三餐以及把老人组织起来聊天给予精神层面的慰藉，在医疗服务、身体状况条件较差老年人的日常照料以及老年人参与社会活动等方面的养老服务还不够完善，因此，扩大社会层面多元力量的参与是改善养老服务的有力抓手。积极引导红十字会的参与，定期到村里为老年人安排体检、对农村养老服务相关人员做技能培训；引导社会志愿服务队伍的加入，帮助老年人打扫卫生，陪老年人聊天解闷，满足其精神层面的需求。必要时可以请心理学方面的专家到乡村，为老人们提供免费的心理咨询。同时，可以广泛宣传社会层面的各种适合老年人的社会活动进农村，村干部组织老年人积极参与，提升老年人的社会参与度，为老年生活增添乐趣。

四、养老服务供给经验借鉴

（一）党建引领来推进

新余市用"党建+"的方式破解城乡老人养老服务难题，首创"党建+颐养之家"养老服务模式，通过吸纳城乡党政机关、事业单位、非公经济、社会组织参与养老爱老敬老尊老活动。在引领各类组织做好服务群众工作中凸显党组织的领导地位，善于把党组织的意图变为各类组织参与社会治理的有效举措。提高了基层党组织的凝聚力、组织力、战斗力和创造力，解决了老人们的一日三餐问题，也丰富了老年人的晚年生活，更获得了百姓的赞誉，构建了新型社会治理格局。把党建与民生融合起来，党群一心，提高工作效率，拉近党群关系，推进党建工作，宣传党建思想。

（二）配套服务是基础

新余市"颐养之家"标准化配置养老服务设施，着力完善生活照料、医疗健康、精神慰藉、心理疏导等配套服务。在基础设施建设方面，电视机、电冰箱、空调等生活电器要统一配备，健身器材、娱乐设备、书籍等都要配备齐全。互联网、摄像头、微信群也是养老的一些配套设施和服务。家人能够时刻关注到自家老人的生活，与老人聊天、视频等。在医疗设施方面，老年人身体素质较差，腿脚不方便，磕磕碰碰在所难免，配备医务室和医生及时治疗和处理老年人的健康问题，逐步提高老年人的身体素质。除了硬件设施外，软件层面需配套相应的管理制度，类似颐养之家的组织需要明确管理制度、监督制度、财务收支制度、安全制度、食品卫生制度等，同时通过规范颐养之家中老人的权利和义务，使"颐养之家"有序运行。

（三）形成合力可持续

新余市"颐养之家"通过凝聚党组织、老年人及社会各界人士的合力，实行"党建+颐养之家"模式多元协同发展农村养老，多方合力拧成一股绳，共同破解农村养老服务难题。在基础设施建设方面，新余市"颐养之家"采用节约化建设，就地取材，充分利用本村闲置房屋及爱心人士无偿提供的房屋资源建设颐养之家，并对其进行适老化改造。在整合人力资源上，一方面，由慈善公益组织如红十字会等牵头，将农村服务人员组织起来，对其进行统一的技术培训，提高农村留守妇女及其他服务人员的服务水平；另一方面社会各界通过组织志愿服务，积极引导其在农村地区开展免费志愿服务活动，进一步缓解农村地区人才供应的压力。在资金筹措方面，新余市"颐养之家"采取"政府补助、村级配套、社会捐助、个人出资"等方式集合多方力量筹集资金。在日常养护方面，"颐养之家"主要依靠入住老年人的资金作为开销，同时市、县、乡、村各级也会给予一定的补贴，社会捐赠也是重要的资金来源之一。为了实现可持续性，会让有劳动能力和需求的老年人参与轻微的养殖和种植劳作，形成"家用"的可持续模式。此外，还将建立全社会的养老服务协作体系，积极发动全社会的力量，稳步推进，巩固各方努力成果，实现可持续性。

（四）稳中求进可提升

"党建+颐养之家"将党建工作与农村养老事业相结合，为破解农村养老服务难题迈出了关键一步，并为将来党建工作融入更多民生事业奠定了坚实基础。该工作以满足农村老年人的实际需求为出发点，通过党组织的引领和服务，为农村老年人提供一日三餐、生活照料、精神慰藉、医疗照护等全方位服务，深入农村养老，使党组织与老年群体建立紧密联系，推动当地老年事业的进一步发展。下一步，新余市将在细化管理方面探索"颐养之家"的可持续运作，综合考虑市县乡各级财政的可用财力和群众自身的承受能力，坚持精打细算、量入为出的原则，努力打造规范化、标准化、智能化的"颐养之家"。通过"党建+颐养之家"的养老模式，发挥党员同志的先锋模范作用，在全社会营造尊老敬老的氛围，将"颐养之家"打造成为老人舒心、子女安心、干群同心的知名养老服务品牌。

第二节　江苏省南京市江宁区"互联网+"农村养老服务供给探索

一、养老服务供给环境分析

外部环境对农村居家养老服务发展发挥着推动作用，"互联网+居家养老服务"的发展必然要以良好的外部环境为基础。智慧赋能农村居家养老服务发展的外部环境，主要表现为经济环境、政策环境、文化环境和技术环境。

（一）经济环境——财政补贴助力智慧养老服务发展

就经济环境而言，南京市江宁区对专业农村养老服务中心的运营与发展都给予相应的补贴。2018年，江宁区对参与农村居家养老服务中的组织发放建设运营补贴已达1500万元。对助餐中心、社区助餐点也给予相应的建设补贴等。

（二）政策环境——政策支持依托智慧养老服务发展

就政策环境而言，为了适应中国日益严重的老龄化，党和国家在2017年出台的《"十三五"国家老龄事业发展和养老体系建设规划》中明确表示要加强社区养老服务事业的发展。紧接着党的十九大报告、《国家积极应对人口老龄化中长期规划》《中共中央关于制定国民经济和社会发展第十四个五年规划和二〇三五年远景目标的建议》都把积极的老龄化政策提升到一个新的高度，并指出要持续大力发展农村居家养老服务，同时提出要注重智慧养老新形式的发展建设。在国家政策的大背景下，自 2018 年南京市江宁区"小江家护"品牌初出江湖，南京市江宁区民政局就出台了多项政策以支持"小江家护"的发展，例如《南京市养老服务条例》《关于印发〈南京市政府购买居家养老服务实施办法〉的通知》等，使得"小江家护"居家养老服务平台有了相关政策的支持，为"小江家护"的发展提供了良好政策环境。不仅如此，为真正实现老年人能够进行居家养老服务的线上操作，江宁区政府根据老年人的实际需要，市民政部门、区老年处专门出台了《老人免费学用智能手机专项行动方案》以帮助老年人了解自己的智能设备。

（三）文化环境——传统观念支持智慧养老服务发展

就文化环境而言，自古以来，受儒家"孝文化"的影响，儿女承欢膝下、在家颐养天年是中国的传统观念。然而随着社会经济的发展，各地之间的距离因交通方式的进步而逐渐缩小，年轻人工作打破了地域限制，由原来局限于家乡到走向发达地区就业，留守老人的养老服务问题成为隐患。但由于传统观念的影响，居住养老院会和子女分开，因此，到养老服务机构养老被很多人认定为"子女不孝"。然而，居家养老服务模式是指老年人不改变原有的家庭生活环境，依然在家中生活，由专业的养老服务人员或社区工作人员上门为其提供良好的养老服务。此养老服务模式具有专业性、灵活性以及人性化的特点，不仅能减轻年轻人的养老负担，还能满足老年人的养老服务需求，更符合我国的文化传统。

（四）技术环境——数据驱动支撑智慧养老服务发展

大数据、物联网、云计算等技术的飞速发展，为老年人的健康生活带来了机遇。政府部门利用大数据搜集整理老年人的基本信息，掌握老年人的身体健康情况，为老年人提供精准的养老服务、医疗服务和及时的关怀照顾，使老年人的晚年生活更加美好。与此同时，建立 24 小时的智慧居家养老服务平台，开发一键紧急呼叫功能的手机软件，使平台中心全天候监管呼叫信息，定位手机地址，养老服务人员和专业的医护人员及时为有需要的老人提供帮助服务，并协助处理紧急事件。

二、养老服务供给主要做法

（一）智慧+慈善，打开养老服务新思路

1. 政府社会共合作，齐心打造新平台

南京市江宁区"江宁区慈善超市"是江宁区民政局和江宁慈善协会共同创建的"江宁区慈善协会"的微信公众号，为江宁的慈善事业打开了一个新的窗口。南京市江宁区"网络+爱心超市"首个月共完成 3888 笔捐款，是南京市同类大型传统慈善超市同期捐款的百倍以上。网络为陷入困境的传统慈善超市带来了新的思考，探索出了一条精准对接、高效运作的慈善捐助路径。

南京市江宁区民政局双拥办负责人表示，爱心人士在平台上看到的援助对象，均是民政局认可的"小江家护"政府购买服务项目老年人、残疾人、家庭贫困孩子。"民政数据"可以为这些老人提供实时跟踪查询、分类推送个性化定制护理方案。患者的健康情况可以经由上门服务护理员查询获得，并进行"点对点"的精准捐赠。通过对这些数据进行整理、分类和统计，可以为爱心人士提供更多帮助。"民政数据系统"还对其进行分析和筛选、排序及优化，使最急需、最需捐赠的物品优先展示给平台。具体过程如图 9-1 所示。

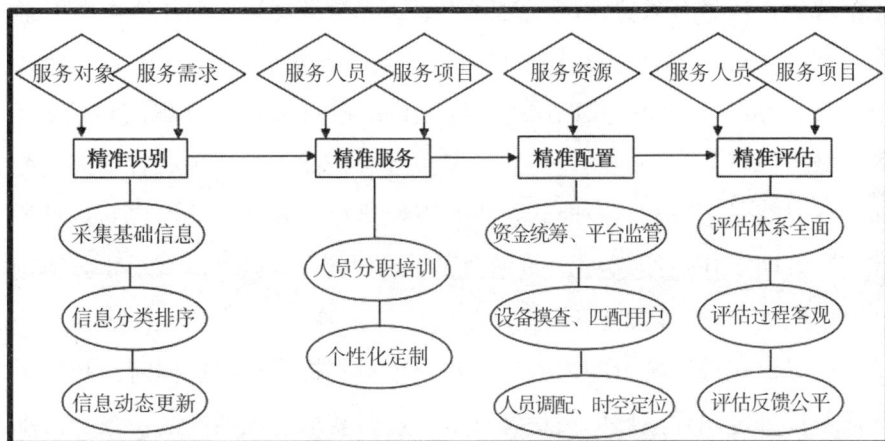

图 9-1 智慧赋能农村居家养老服务平台运作

2. 需求供给精对接，家护平台良运作

江宁区采用"互联网+慈善超市"的方式，以实现点对点精准捐赠。受捐人均为在"小江家护"购买上门照护服务的老年人、残疾人和未成年人。职业护理员在开展上门照护时，询问其对生活及其他物资的需求，通过"小江家护"App 端录入后，发表于"互联网+慈善超市"等软件平台。捐赠人可看到受捐人的最新状况和物资需求，将符合条件的闲置物资订单提供给顺丰等物流公司，并与 EMS 平台软件对接，提供上门印制快件单、收取快件单等服务，快递费由市财政部门"公益创投"资金支付，为慈善事业开路，让慈善超市以"点对点"的形式实现精准捐赠，该项服务于 2020 年荣获第五届"江苏慈善奖"。

（二）智慧+设备，满足养老服务多需求

1. 实施智能手环项目，提供安全保障

老年人依据个人需求通过"小江家护"平台或拨打江宁区养老服务呼叫中心电话提出安装智能手环的申请，接到申请通知后，运营商会在第一时间上门为符合要求的用户安装智能手环，并指导其具体如何使用。智能手环具有紧急情况一键呼叫、实时精准定位、血压心率实时监测等功能。对于拥有智能手环的用户，其可通过长按 SOS 紧急呼叫按键三秒的方式，呼叫区 24 小时呼叫中心，呼叫中心在收到信息后的 5 秒内做出回应。如果遇到用户线上紧急寻求帮助，呼叫中心客服人员会在第一时间付诸行动，及时转拨 110 报警热线，或者征求用户的意见后代用户呼叫 120 热线求助。非紧急的求助电话，接线工作人员会利用"小江家护"平台找到距离求助者最近的护理人员，并发送紧急工作单，以确保在最短的时间内到达用户家中对其提供帮助。同时，智能手环还可以绑定用户家属的微信客户端，实时获取老人所在的位置、活动轨迹以及紧急呼叫信息等。对于患有阿尔茨海默病或行动不便的用户，可以在智能手环内设置电子围栏，一旦用户活动超出电子围栏所设置的范围，家属可以立即了解情况，这相当于给老人安装了 GPS 系统，可以有效减少老人走失的概率。此外，智能手环还提供了跌倒报警、离家判定等多项新服务。根据实时数据反馈，监护人可以判断老人是否遭遇危险，从而采取相应的措施。这些创新性服务为老年人提供了更全面、更便捷的保障。

2. 安装联网式报警器，保障老人安全

南京市江宁区采取政府购买服务的方式，向全区养老服务机构、居家养老机构、助餐中心等免费提供服务。此外，针对高龄独居老人，还安装了联网式的烟雾和可燃气体泄漏感应报警器，这些设备能够直接与呼叫中心和消防大队平台进行连接。一旦出现报警信息，区 24 小时呼叫中心、区消防大队 119 平台以及所绑定的老人监护人或家属手机均能收到报警信息。区呼叫中心会根据报警人所处的位置，给最近的护理员发送紧急工作单，确保在紧急情况下第一时间实施多方面的联动救援，有效地提高了区内老年人的生活质量。

依靠适老化改造工程，为全区内符合条件要求的老年人家中安装智能红外探测器。智能红外探测器不仅可以看护监测，还能在无人的情况下报警。用户还能设定监测看护时间，如若在固定时间内无法发现老人的相关信息，智能红外探测器系统就会在第一时间内向呼叫中心以及老人家属或监护人手机客户端报送警情。接到警情信息后，呼叫中心会立即与社区工作人员取得联系并安排距离最近的护理员上门查看，如图9-2所示。

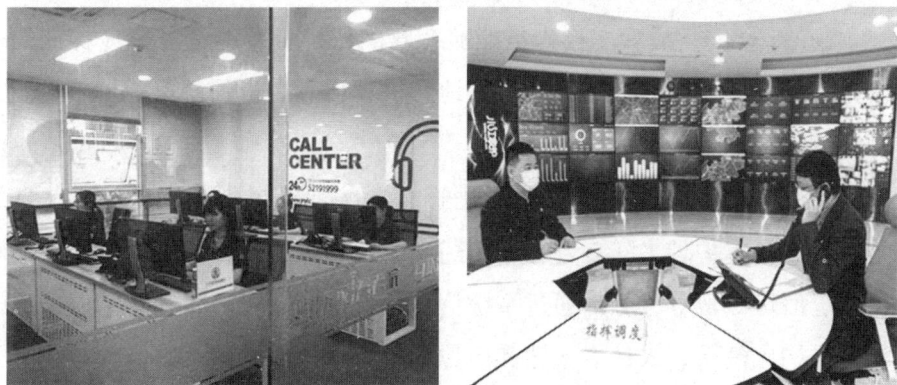

图9-2　江宁区呼叫中心

（三）智慧+监测，发挥养老服务强功效

江宁区"互联网+"养老院主要智能设备有智能手环、联网式烟雾和燃气报警器、智能红外探测器等，为了保障智能设备持续、稳定、有效使用，江宁区加强对设备运行状态进行多方面监测，确保智能设备发挥应有功效。

1. 小故障远程解决，大故障售后保障

对于智能手环等智能设备，呼叫中心可以在系统后台对智能手环的使用情况进行实时监管。一旦手环发生故障，呼叫中心可以通过远程线上指导操作或者派遣护理员上门服务以解决轻微的机械故障。如果需要更全面的维修，用户可以享受在一个月内免费更换新设备，一年内免费维修，以及三年内有偿维修的售后服务保障。

对于联网式的烟雾和燃气报警器，运营商服务后台会进行设备监测工作。同时，在护理员为老人提供上门服务时，他们会与线下的"小江家护"售后团队联合进行设备的详细检查。如果发现设备电量不足，他们会及时更换电池，确保设备能够持续、稳定、有效工作。

2. 排查报警信息，节约人力物力

"小江家护"后台工作人员能够有效确认排查智能红外感应探测器的报警情况、在线离线情况，有效地解决了孤寡老人的空巢照护服务问题，节约了大量的人力物力。

建成"照护有方"民政标准化管理系统，从老年人入院评估、登记入住、日常护理、膳食管理、用药记录，到院内日常安全巡查、食品留样、值班保卫等，全部通过系统信息化记录，并可随时动态掌握全区养老机构床位数、入住老人数和床位利用率，以高效的系统监管替代人工上门检查，有力提高了养老机构运营的安全性。

（四）智慧+合作，发展养老新业态

1. 与科技领域合作，实现刷脸助餐

2019年6月，为满足老年人多样化、便利化的就餐需求，南京市江宁区民政部门与"和善园""青露""包子哥""金元宝"等中国连锁餐饮企业进行了紧密的合作，将社区内的"老人食堂"改造为"老人助餐"，让老年人能够就近用餐，提供了极大的便利。江宁区老年助餐点快速增长，为老年人提供更多的助餐服务。为使财政真正做到精确补助，更好地保证财政资金的安全，江宁区严格落实"运用互联网和生物识别新一代技术，探索建立老年人补贴远程申报审核机制"的要求，老人们做到了刷脸即可吃饭。利用人脸识别技术，精确记录了财政补贴金额以及殡葬、低保等方面的资料比较，使得财政补贴更加便捷、精准，在这种机制下，老人只需支付 1 元钱，就可以享受多种不同的饮食套餐。

此外，符合条件的老人只需在"小江家护"微信公众号上上传身份证和人脸等信息，待收到审核通过的短信通知后，前往影城柜台进行"刷脸"验证。验证通过后，老人可以享受优惠票价，只需支付 5 元即可观影。每日仅限早场指定影厅的前 40 名老人，每名老人每月限购 3 次。此外，携带 1.2 米以下儿童的老人可以一同观影，儿童免票。更加贴心的是，已在和善园、青露、包子哥、苏客、黄家馄饨及居家养老服务中心完成人脸识别注册的老人无须再次注册。

2. 与医疗领域合作，建设健康养老

南京市江宁区汤山街道在近几年中，积极推进智慧养老服务体系建设，充分运用物联网、大数据、云计算、智能终端等先进信息技术，实现健康养老服务向智慧化方向发展。

该街道通过结合智慧健康的信息手段，结合线下的社区与居家的养老服务，通过大数据以及智慧设备的信息反馈，实时给老人提供量身定制的养老服务。目前汤山街道已经建立起"1+16+N"特色智慧养老服务体系，1 是指一个乡镇级别的居家养老服务站，16 是指十六个社会级的居家养老服务站，N 是指若干名养老护理员，形成了一个完整的养老服务体系，如图 9-3 所示。

三、养老服务供给发展困境

（一）智慧设施建设欠缺

南京市江宁区的智慧养老服务存在智慧设施不足和建设进展缓慢的问题，同时在智慧养老服务设施的适老化改造方面也表现出明显的滞后。这种状况主要体现在以下几个方面。

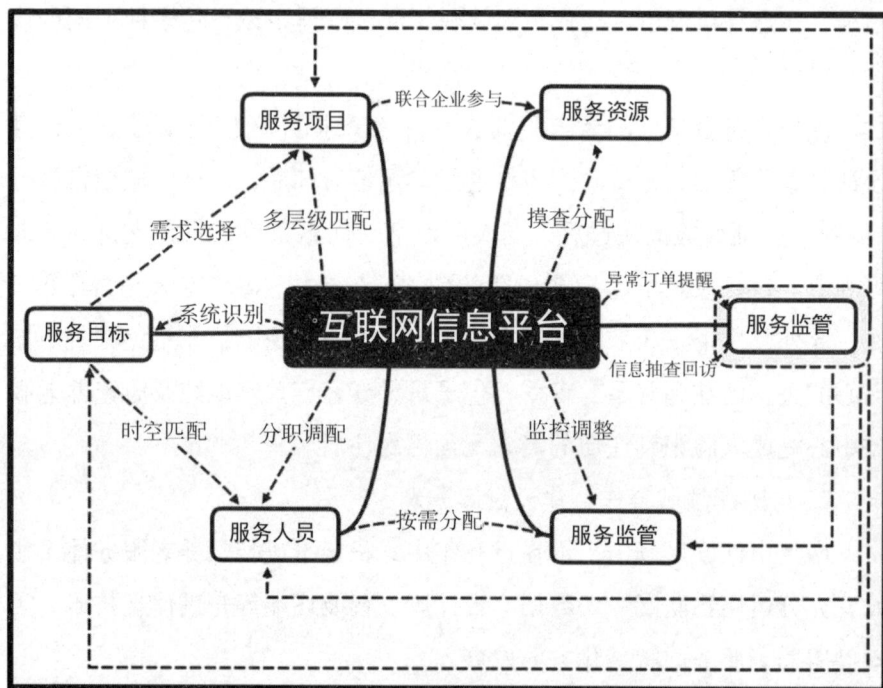

图9-3 智慧赋能居家养老服务总体框架

一是适应老龄改造的设备还不完善，有些基础设施不能根据老年人身体状态的特点进行更新，例如，在厕所、浴室、健身器材等的设计上欠缺考虑，导致老年人在使用这些设施时存在安全隐患，也未能在原有的基础设施上加入智能设备，以精准监控老年人的身体状况。

二是对于村（社区）来说，老年人居家养老时，家里无障碍设施改造工作未做到位，部分村（社区）在建设之初就未曾考虑到老年人的出行问题，居民楼未安装电梯，老年人在出行上很受限制，腿脚不好的老人也很容易摔跤，使得老年人在日常生活中面临较大的困境和风险。

三是在基础设施的改造过程中，智慧设备未能物尽其用，对现代信息技术智能设备研制和应用尚处在初级阶段，存在涉老信息技术智能设备和资料的使用、融合与加工不成熟等问题，也不能做到综合处理信息资料。总之，现在的智能养老产品过于单一，通常只有便携式手环，或者智能手机，无法适应老年人多样性及个性化的需求。

（二）资金投入力度有限

江宁区的农村居家养老服务中心是以社区为主体，并在政府的支持下，通过政府财政对其进行补助。资金的数量对农村居家养老的服务质量起着决定性作用，而社区以及上级民政部门的财政状况对农村居家养老服务项目的实施具有至关重要的影响。一旦资金出现问题，村（社区）在提供农村居家养老服务时必然会受到限制，甚至可能通过降低服务质量等方式来应对。江宁区农村居家养老服务机构对老人的服务以免费或低价格为主，以政府购买方式供给。因此，政府资金在这个过程中具有至关重要的作用。然而，我国农村养老服务基本都是依靠国家资助，但村（社区）居家养老服务的实际需求与可获得的投资相比还存在着很大的差距。

江宁区社区集体经济的发展状况，也是制约其可持续发展的一个重要原因，虽然上级民政部门每年都会给予社区一定的补贴，但由于社区中大量的空巢老人，他们对养老服务的需求非常大，因此政府给予的补贴远无法满足他们的需求。从整体上看，政府职能的自主性和行业发展的程度是影响农村居家养老服务发展的关键因素。

（三）社会参与意愿不高

为了推动村（社区）居家养老服务的发展，政府部门、企业、社区、家庭等多元主体需要共同参与并发挥各自的作用。目前，需求是最大的供给基础，但政府部门、社会团体、居民、家庭等的投入不足，导致村（社区）居家养老服务业务的发展相对较慢。政府作为多元主体中最重要的主体，以公办民营的方式推动机构养老服务的建设与发展。然而，社会组织只是偶尔到村（社区）居家养老服务中心看望老人，为老人送去一些生活用品等，在居家养老制度、基础设施建设、资金支持等方面并未积极参与，未能形成长期稳定可持续的参与机制。由此可见，社会组织的参与具有很大的偶然性，更多的是基于社会组织成员的人道主义精神。

此外，村（社区）养老服务的从业人员需要经过专业的培训，但目前市场上许多机构服务内容的专业度也不够，这与老年人所需要的专业服务仍有很大差距。因此，需要市场向高质量养老服务发展。只有政府部门、企业、社区、家庭等多元主体共同参与并发挥各自的作用，才能推动村（社区）居家养老业务的发展，并满足老年人的养老服务需求。

（四）法律法规建设缺失

我国当前相关法规大多以"意见""规划"等政策文件形式出现，这给智慧村（社区）居家养老服务的推进带来很大限制。一些政策文件中虽明确提出整合项目的审批流程，简化办事手续，但在实际操作过程中却仍然存在手续复杂、审批周期长等问题。因此，政府只能真正履行其职责，加快关于村（社区）居家养老服务方面的立法，加大对其资金的投入，推动村（社区）居家养老服务立法的有序开展。

由于缺少对村（社区）养老服务的有效监督和评价，使得村（社区）养老服务的发展相对滞后。村（社区）居家养老工作的监督渠道相对封闭、缺乏，使得居民很难获得有效的村（社区）养老服务信息。南京市江宁区对社区工作人员的监管也不到位，使其发挥不出应有的作用，使老年人权益不能得到良好保障。并且政府缺乏统一监督和把控的机制以管控村（社区）居家养老服务购买工作，使老年人实际参与程度受到限制，其功能和价值未得到充分体现。

（五）服务宣传推广不足

"互联网+养老服务"逐步进入自动化、电子化，但智能设备的使用有一定准入门槛，需要由老人在网站平台手动输入信息和需求。而老年人对于"互联网+"居家养老服务模式了解不多，受到年龄和身体原因限制，对新生事物的掌握能力与接受能力，都在不同程度上呈现降低趋势，缺乏对老年人使用高科技产品的培训及推广，从而使得养老服务设施的利用效率不高，影响信息的精准收集和供给效率。

四、养老服务供给经验借鉴

（一）完善养老服务基础设施

居家养老服务活动要顺利开展，必须以完善的基础设施为基石。同时，居家养老服务的发展又受到基础设施完善程度的制约，尤其在"互联网+"居家养老服务方面，若要使老年人能够享受到更优质、便捷的新型养老服务，基础设施的完善必不可少。南京市江宁区建设"15分钟养老服务圈"基础设施，离不开政府的规划主导和持续的财政投入。加大财政投入力度，首先，要建立长效的财政投入机制，对居家养老服务基础设施建设进行合理规划及财政分配，并完善财政预算制度。其次，积极引入社会资本，鼓励社会力量的参与，逐步形成以政府主导投入为主、社会多方共同参与支持的可持续资金流入机制。对于社会福利中心的建设，政府应给予养老服务专项补贴，以弥补养老服务机构床位不足的短板，并增强政府在养老服务方面的保障能力。此外，民政部门积极联合自然资源部门与城乡建设部门，合理规划居家养老服务的设施建设用地，并及时跟进、协同解决建设过程中遇到的问题。通过多种方式扩大养老设施用地，比如以租赁、置换、改造等方式加强养老服务设施建设。同时，持续推进家庭适老化改造，逐步放宽适老化改造的老年人标准，为不适合外出养老的老年人提供良好的服务。

（二）激发养老服务市场活力

实现养老服务供给多元化的关键在于激活市场活力。在整个养老服务市场中，政府需要转变其原有角色，积极吸纳社会各方参与，以激发养老服务产业的活力，提升养老服务的质量。随着人口老龄化日益严重，老年人数不断增长，老年人各方面的需求也日益增加，餐饮、医疗、旅游、文艺等行业参与养老服务中是必然趋势。因此，要积极激发市场活力，发挥各行业的养老性能与优势，为老年人提供良好健康的养老服务社会大环境。目前，南京市江宁区养老助餐服务开展情况十分可观，需要深入推进助餐政策的覆盖面。对于不同行业参与养老服务的企业，政府应给予相应的支持与补贴，加强政府在企业资金补贴、税收优惠等方面的支持，优化企业参与养老服务产业的审批制度和审批程序，减少因制度程度造成的服务困难。此外，还要加强市场监督与管理，规范市场行为，形成良性的企业竞争机制。同时，要深化"小江家护"居家上门服务内涵，依托互联网与大数据的大背景大趋势，深入拓展"小江家护"的服务功能，加强互联网与其他行业的联系程度，拓展提升"互联网+远程问诊""互联网+护理""互联网+辅助租赁""家庭养老床位"等专业服务能力，满足老年人的多元化需要。以健全的养老保障制度为依托，通过政府引导资金，发掘老年人自费购置养老服务的市场潜能，促进养老服务市场的发展。

（三）维护养老服务市场秩序

为了保障老年人权益及促进老年行业产业发展，需要建立健全的法律体系作为保障。然而，法律制度的健全是一个长期的过程，需要相关政府部门共同努力与协作，及时发现互联网养老服务过程中出现的重大问题。一方面，可以将养老服务中总结出来的规章制度、意见等规范化并加以整理，以法律的形式固定下来，逐步改变部门中轻规章制度而重法律的现象，提高政策文件的权威性，保障养老服务参与各方的基本权利。同时，增强相关法律法规的宣传与普及，增强企业与公民的养老服务法律意识，特别是针对老年人对法律知识和接受能力不足的问题，需及时对老年人的家庭成员做好老年人权益保障的普法工作，最终达到以完善的法律保障老年人权益的目标。另一方面，"互联网+居家养老服务"作为今后养老的发展大趋势，法律为其保驾护航是必不可少。因此，首先要新增"互联网+居家养老"基础法律，对"网络+居家养老"的参与主体进行规范；其次，要对"互联网+居家养老服务"中政府、企业、服务人员以及老年人在居家养老服务发生过程中出现的行为问题、纠纷问题等做具体的规定与约束；另外，地方政府还要根据本地的实际情况，完善当地的养老服务配套规章制度。由此形成一套完整的"互联网+居家养老服务"体系，为"互联网+居家养老服务"保驾护航。

（四）健全养老服务供给机制

南京市江宁区"互联网+居家养老服务"以政府购买的形式提供给南京市江宁区的老年人们。在这一模式下，政府的角色发生了转变，从直接的服务提供者转变为服务产生的组织者、决策的制定者以及监督者。然而，这种转变也导致了居家养老服务质量的责任转移，使得直接服务提供者所承担的责任逐渐增加。因此，政府必须加强对相关利益获得者的监督，以确保服务的质量和效果，并加强对服务的问责制度，确保责任的落实和追究。为了评估"小江家护"互联网居家养老服务企业的绩效，政府应建立科学的绩效评估体系。该体系应对"小江家护"的管理功能、应急功能和服务功能等多个方面进行效率检测和评估，以确保其服务的质量和效果符合预期标准。由于农村居家养老服务的对象主要是老年人，而老年人可能存在认知能力和表达能力较差的问题，因此，政府应采取技术手段增强老年人的表达能力，并完善老年人对养老服务的评价机制。此外，还应改善老年人对养老机构的满意度评估方法和途径，增加反映渠道，使政府和服务平台能够更加准确地了解老年人对养老服务提供者的满意度，从而更好地满足老年人的养老服务需求。

第三节　内蒙古自治区乌兰察布市农村"互助养老"服务供给探索

随着空巢、留守、独居老人群体的不断增多，传统的家庭养老模式受到严峻挑战，新形势下农村养老服务问题应如何解决？"集中养老，分户生活，自我保障，互助服务"——内蒙古自治区乌兰察布市以此为原则建设的438处互助幸福院，即互助养老服务给出了答案。

一、养老服务供给环境分析

（一）人口环境——人口老龄化问题日渐突出

近年来，乌兰察布市的人口老龄化比重呈逐年上升态势，由于老年人口基数大、人数多，空巢化的趋势十分显著。因此，越来越多的失能、半失能老人以及特殊困难的老人群体中需要照料的人数也在不断增加。根据第七次全国人口普查资料，乌兰察布市常住人口为170.63万人，其中60岁及以上老人有51.09万人，占总人口的29.95%，65岁及以上老人有35.51万人，占常住人口的20.81%。与2010年第六次全国人口普查相比，60岁及以上人群的比重上升了14%，65岁及以上的人群上升了 10.21 个百分点，已进入深度老龄化阶段，使得养老服务供给更显紧迫。

（二）自然环境——草原避暑之都，康养休闲福地

北京向西一步，就是乌兰察布。这里，以碧野清风，奏响茫茫边塞的夏日长歌；这里，以生态绿色，绘就北国风光的豪迈图景；这里，是发展健康养老产业的理想之选。境内河流、湖泊、火山、湿地遍布，还有辉腾锡勒高山草甸草原，神州归来的杜尔伯特草原，神秘莫测的乌兰哈达大草原，堪称"草原博物馆"，每个季节来到乌兰察布都有不同的景致和体验。这里全市绿化覆盖率已达 36.9%，全年有 330 天以上的好天气，夏季平均气温 18.8℃，是闻名遐迩的避暑胜地，适合全国各地的老年人来乌兰察布市旅居养老和候鸟式养老。

（三）地理环境——交通便利，为养老服务产业发展奠定基础

拥有六千多年历史的乌兰察布，是中国北部古老文明的重要发祥地，也是草原丝绸之路与"万里茶道"的重要交汇点，它孕育了辉煌灿烂的察哈尔文化、杜尔伯特文化，素有"太阳升起的地方"之称。乌兰察布市拥有得天独厚的区位交通优势。乌兰察布全市总面积 5.45万平方公里，辖 11 个旗县市区，是内蒙古东进西出的桥头堡，南连北通的交汇地，它距离北京只有 240 公里，乘高铁 96 分钟，是"一带一路"、中欧班列中的唯一一个非省级枢纽，同时也是我国 23 大物流枢纽承载地之一。拥有 5 条高速公路，6 条铁路，是联系华北、东北、西北三大经济区域的主要交通要道，同时，它还是中国与蒙古、俄罗斯、欧洲等国家联系的关键地带，为国内外企业集聚创造了便利条件，也为康养产业发展提供了开放窗口。

（四）政策环境——政策支持为农村养老服务提供保障

近几年，乌兰察布市围绕把"营商环境"这个"生命线"抓牢，

着力营造"精简高效"的政务生态，建立"大项目代办窗口"，将开办企业的审批手续当场办理，将建设项目的审批时间缩短到 60 个工作日，为企业发展、投资兴业提供"保姆式"服务。与此同时，乌兰察布市还制定了多项扶持健康养老服务业发展的政策措施，从开办审批、用地开发、规划建设、资金补贴和税费减免等多个方面推出"含金量"很高的政策措施，为推动健康养老服务业的发展奠定坚实的基础。

二、养老服务供给主要做法

（一）幸福院建设

自 2012 年以来，乌兰察布市结合自身工作实际，对农村互助幸福院的建设进行了深入的探索，并逐渐建立起"集中居住、分户生活、统一管理、互助服务"的新型农村养老服务模式。全市共有 17 个敬老院，2328 个床位，为广大农村牧区的老年人提供了"老有所养、住有所居"的保障。尤其是从 2021 年开始，乌兰察布市对农村养老事业进行了新探索。以察右前旗、化德县为试点，逐步在全市范围内推广，有序推进农村养老服务改革与提升。目前，旗县基本形成了以旗县级为核心，以苏木为辐射，以"互助幸福院"为依托的县、乡、村三级养老服务网络。创建了一个乡土乡村的"乌兰幸福苑"，并在此基础上探索了"时间银行"的养老服务工作，形成了"党建+乡村""志愿者+社区"的新型服务模式。

（二）医养结合

老人需要"养"，但也需要"医"。乌兰察布市将"医养结合"作为推进农村养老事业发展的一项重要内容。在改建为察右前旗敬老院之前，生病的老人们只能"辗转"于养老院与医院。不仅会拖延病情，还会加重老年人及其家庭的负担。由于"医养分离"，不少病患将医院当作"安老院""常住户"。为了解决这个难题，中心在建立之初，就积极引入了一家私立养老院——乌兰美养老院，并挑选出21名护理人员，在养老院里照顾老人，为他们提供饮食、洗澡、如厕、翻身和康复等护理服务。此外，还与察右前旗总医院建立"绿色通道"，实现小病不出院，大病无忧，最后无病无忧。

（三）谋篇定策

乌兰察布市成立了由政府主要领导挂帅的工作领导小组，出台了《互助幸福院维修改造标准指引》《互助幸福院维修改造实施意见》等一批"谋长远、管长远"的配套政策。旗县市委和政府把加强农村养老服务工作列为优先项目，并列入乡村振兴战略的一项重要内容，召开了多次会议，保证了各项举措的落地和落实。同时，对察右前旗和化德县两个试验区的经验进行了深入的总结，确定了以"三改三修"为核心的建设中心（站），以"五化"为基础，强化服务。"三改三修"指的是，通过对幸福院的水厕改造、清洁能源供热的改造，以及对老年人的养老设施的改造，提高服务质量。在"快乐庭院"建设中，通过"修庭院""修路""美化环境"等措施，提高了"幸福庭院"的硬件服务水平。"五化"是区域化服务，统一管理，社会化运作，数字化养老，普及医疗和食品。推进服务区域化，在满足本地区老年人的养老服务需要的前提下，逐渐向社会开放，为周围的老人提供养老服务，推动县、镇、村的养老服务从点到面，从单纯的集中供养服务向供养、居家、社区一体化服务转变。推进管理整合，由县和乡民政部门对县乡村三级养老服务中心（站）进行统一管理，实现从上到下的一体化管理和服务模式，把管理目标由单一的敬老院提升到县乡村三级养老服务系统一体化管理。推进运营社会化，引入社会服务组织，对餐饮、照护、托管等业务进行统筹管理，将经营理念由政府兜底和大包大揽转变为政府主导，社会参与。推进运营的智能化，通过建立适合老年人的康复器具、健康测试产品、养老监护设备等信息平台，实现从传统的管理向智慧的管理转变。推进"医"的普及，通过设立"老人餐厅"，完善"用餐"和"送餐"的补贴制度，提高"老人"的用餐便利性。同时，还可以与医疗机构进行进一步的合作，为病人提供方便快捷的就医渠道，从而提高老人的生活水准和生活品质。

（四）组织管理

为了进一步提高社区互助养老机构的管理和服务水平，乌兰察布市在社区养老机构中，由镇党委、镇人民政府选出正直、热心、在群众中威信高、身体健康的老年人担任院长，对院内进行全面的管理和服务，对院内的老年人进行关爱，并对他们进行监督，如果有什么重要的事情，可以及时向村、镇汇报。村委会办公地点就在幸福院，平时有需要解决的问题，村干部、驻村工作队积极帮助解决，使大事小情都能在幸福院内部得到解决。村民搬进幸福院后，邻里之间也是互帮互助，相互帮忙打理菜地，互相照看生活。对一些因身体原因生活不便的老人，村干部也经常来看他们，院里老人早上醒来也都会看一下左邻右舍窗帘有没有拉开，敲玻璃看看有没有应答，防止出现意外，邻里间互助互爱，让幸福院的每一个人都有人管、被照顾。

为加强互助幸福院的组织引领，组建老年人互助网络，建立老年互助保障网。乌兰察布市政府倡导"互助快乐院"成立"院委会"，负责执行"两院合一"的方针和原则，研究和讨论医院重大问题，并对医院的工作进行检查和监督。院委会下设环卫组、管护维护组、文化娱乐活动组、安全保卫组、生活照顾组，负责院内环境卫生、设施管护维修、文化娱乐活动、安全保卫和生活照顾等。在此基础上，鼓励老年居民参与社区内的志愿服务和互助活动，并对其实行"积分制"管理。

康乐院院委会建立"积分"登记表格,记录长者在院舍中参加义工和互相帮助的详细资料。对于参与志愿服务或协助别人的住院长者,院委会会根据困难程度及受欢迎程度,发给相应分数的"互助点数登记卡",每月计算点数,每季兑现点数。持有"积分"的老年人在享受社会救助和接受社会捐助时,可以享受到更多的优待。通过开展"积分制"进一步完善老年人互助支持网络。

(五)经济支撑

互助幸福院是乌兰察布市的重大民生工程,从 2012 年建成以来,累计投入 20 多亿元,438 家入住 39 000 多户的互助幸福院,在全市范围内,基本实现了农村牧区孤寡留守老人、空巢老人、因伤因病失去劳动能力的老人以及 60 岁及以上的困难老人的集中养老服务。

乌兰察布市政府、人社部门对入住"幸福院"的近 8 万名老人实行了完善的社会保障制度,提高了低保、五保、养老、医保等保障和救助的水平,落实各项政策补助,使住院老人的收入来源更加稳定。其中,老人和配偶一年的最低生活保障金为 3600 元。城镇和农村的养老金每人每月 100 元,老两口的退休金是 2400 元。每年还有 600 元的采暖补助等。这些都是稳定的收入,一共有 8000 多元。在建立了农业合作社后,如果老年人有工作能力,也可以到合作社和由合作社开办的食品公司去做兼职,一天的收入是 70~150 元。

按照计划,为保证互助幸福院的顺利、有序运转,乌兰察布市政府会按照家庭年度 500 元的标准,每年拨款 2000 万元,作为互助幸福院公用设施的日常维护、维修资金及管理服务等支出。

三、养老服务供给发展困境

(一)基础设施稍显薄弱

便捷与完善的公共基础设施是农村养老服务有效供给的基础和前

提，当前乌兰察布市农村居家养老服务的建设已经比较完善，政府也积极推进"幸福院"养老服务中心在村中的建设与落实，但是还存在一些不足。例如，在有些村庄的"幸福院"发现养老服务中心服务设施涵盖了餐厅、娱乐室、问诊室、医疗室等，但是这些功能分区仅仅是挂了个牌子，养老服务中心中仅仅摆放着几张桌椅，娱乐室里也并没有摆放娱乐设施，问诊室与卫生室也只有简单的一个座椅和一张卫生床，没有基本的医疗器械，养老服务中心的功能只有供老年人用餐以及老年人用餐前后的休憩聊天。另外，在其他的村庄中，仅有一个村庄建设有老年人"老有所学"的场所。"老有所学"场所是为老年人提供的满足其自我实现需要的场所，有利于丰富老年生活，提高农村老年人知识素养，填补其精神空缺，非常有益于老年人晚年身心健康，然而现在"老有所学"场所的数量少，覆盖范围窄，无法满足老年人精神文化需求。

（二）服务项目有待完善

近年来，乌兰察布市积极探索农村互助养老服务工作，取得了显著进展。为了满足老年人多样化的养老服务需求，农村互助养老服务项目逐渐丰富。然而，项目完整度仍需提高。在参与互助养老服务的老年人中，相较于医疗卫生服务、精神慰藉服务等其他较高层次的养老服务供给，生活照料服务这种满足低层次养老服务需求的供给程度较低。原因在于医疗卫生服务由村中卫生组织提供，精神慰藉服务如心理咨询、关怀巡视较易完成，而上门护理、助洁助餐、帮助洗澡等既专业又复杂、难以操作的服务工作较难完成，需要具备专业护理知识的人员提供服务。农村地区条件简陋，经济落后，提供这些生活照料服务较为困难，因此出现了老年人最需要的养老服务项目最难实现的现象。这表明乌兰察布市的农村互助养老服务项目内容的完善与实施还需进一步加强。

（三）专业人员较为缺乏

养老专业服务人员的素质和服务水平直接关系到老年人的生活质量和满意度，是构建完善的农村养老服务体系的关键因素。然而，当前乌兰察布市农村地区养老服务人才十分短缺，只有少数村庄配备了专业的服务人员，其他村庄仍然依靠村委会自给自足。此外，即使在有养老服务人员的村庄，服务人员的素质普遍不高，虽然都按照《养老护理员培训规范》进行了学习与培训，但培训层次参差不齐。随着越来越多的农村地区青壮年劳动力到城镇务工，很少有年轻人投身于农村地区养老服务事业中。村中能够提供生活照料养老服务的主体一般是身体较为康健的留守妇女，医疗卫生服务则一般由村中的卫生组织来提供。养老服务中心提供的饮食主要由村中做饭较好的村民负责，这些供给主体普遍缺乏专业性、稳定性与可持续性。另外，村中互助养老服务的发展还缺乏系统专业的管理人员。农村互助养老服务一般由村委会人员或者村干部负责管理，这些基层工作人员工作繁忙，时间与精力有限，无法进行系统的管理，导致农村互助养老服务的发展缓慢。

（四）资金投入可持续性不足

资金持续性投入与扶持是农村互助养老服务实现可持续发展与不断完善的核心基础。特别是对于经济水平低下的农村地区，社会资本投入乏力，持续性资金的投入更加缺乏，使得农村互助养老服务的发展面临更大的困难。目前，乌兰察布市农村互助养老服务的发展存在资金投入不足、缺乏可持续性的问题。一方面，政府投入资金的力度不够。尽管乌兰察布市政府、人社等部门在健全社会保障和社会救助体系的同时，还加大了低保、五保、养老、医保等保障与救助的力度，并落实了各种政策性补助，为搬入幸福院的 8 万余名老人提供了一定的支持，但这些补贴标准与老年人的实际需求仍存在差距。另一方面，农村互助养老服务发展资金的筹集方式较为单一，主要依赖政府投资和乡贤的捐赠。仅凭政府和乡贤的力量，无法长期支撑互助养老服务的全面发展。特别是在经济欠发达的农村地区，需要来源稳定的资金持续性投入，才能推动互助养老服务的全面发展。

四、养老服务供给经验借鉴

（一）夯实养老服务发展基础

当前农村地区互助养老服务发展最大的制约因素就是资金的缺乏。促进农村经济发展能够为农村互助养老服务的供给提供必要的经济基础。首先，要大力发展村集体经济，激发农村地区经济活力，促进农民增收创收。要因地制宜，合理分析农村优劣势，依靠农村特色产业发展，延长产业链，提高村集体经济和农民的收入水平，使得在助力互助养老服务建设与完善的同时，老年人不受经济因素的限制，敢于并舍得选择居家互助养老服务。其次，要完善农村交通设施，提高养老服务的可达性。俗话说"要想富，先修路"，提高农村经济发展水平离不开便捷的交通，因此要加强农村道路规划，完善道路交通配套设施，缩短农村与城镇之间的空间距离，充分发挥城镇的辐射带动作用，助力农村经济的发展，提高农村居家养老服务供给水平。

（二）补齐养老服务设施短板

农村互助养老服务设施建设稍显薄弱。因此，要完善农村居家养老服务设施。设施的建设与完善离不开资金的支持。首先，政府要加大对农村地区居家养老服务设施建设的资金投入，明确居家养老服务设施建设的财政预算。设立养老服务专项资金项目，专款专用。另建立养老服务设施补贴制度，加大设施建设的补贴力度，提高农村居家养老服务设施建设的补贴标准。还要拓宽资金来源渠道，吸引民间投资，鼓励社会捐赠，促进养老服务资金来源多元化。其次，政府要充分利用现有农村闲置资源，改造养老服务设施，并根据各村的具体养老情况，建设与补充新的养老服务配套设施，坚持合理性、可持续性与多样化的原则，既要满足老年人就餐的需求，也要满足老年人娱乐、医疗的需求。对于条件较差的村，可依托村内卫生室、医疗室、阅览室等公共服务设施，为老年人提供满足需求的设施配置。

（三）组建养老服务人员队伍

农村居家养老服务的发展与完善离不开养老服务人员，但是农村地区经济发展水平低，就业环境差，缺乏养老服务人才就业吸引力，导致农村地区养老服务人才紧缺。因此，农村地区要整合村内可用人力资源，解决农村地区养老服务人才缺乏的难题。村医具备医疗保健知识，居家养老服务的供给方要积极与村医进行合作，让村医对养老服务工作人员进行医疗保健工作的培训，为老人及工作人员进行卫生护理知识普及。另外，还可集中农村空巢小农以及留守妇女加入养老服务工作中来，对其进行上岗培训，通过专业化的能力训练，提高他们的专业素质，使他们的专业化、标准化和规范化水平得到进一步的提高，这样既能缓解养老服务工作人员的不足，又能为其带来一定的收入。还要完善志愿者服务工作，积极发挥"时间银行"在农村居家养老服务供给中的作用。另外，还要加强与校企合作，鼓励他们到农村进行养老志愿服务或实习活动，同时可通过设置公益岗位，发放岗位津贴，制定并完善就业福利政策等激励措施留住人才，从事农村居家养老服务事业。

（四）构建医养结合养老服务体系

首先，加快改善乡镇卫生院，尤其是村卫生室的硬件条件，农村养老服务点，如村卫生室、农村敬老院、助餐点等设置应方便老年人口的医疗护理服务。其次，加强农村卫生医疗服务网络建设，完善分级诊疗体系，充分发挥其基层卫生服务保障作用，实现农村医疗服务网络普遍化、就医机构规范化和乡村医生专业化。再次，增加并合理配备专业护理人员，加大专业护理人员的培训力度，提升护理人员的专业素养和服务意识，给予农村老人优质的医疗护理服务。最后，加快推进农村家庭医生签约制度落到实处，并取得实效。

第十章

农村养老服务精准供给优化建议

第一节　运用现代技术促进养老服务需求精准识别

首先，对农村老年人口进行养老知识宣传。通过赋权赋能提高老年人参与意愿与自我需求表达的积极性，对于表达能力不佳的老人可借助互联网、智能居家技术等进行智能收集。其次，应建立农村老年人口及养老服务资源信息数据库。以村为单位，由村委会以及养老服务专业人员对农村老年人的基本情况、家庭信息进行入户走访、摸底排查，运用互联网现代技术手段，建立农村老年人口基本信息数据库，为每一位老年人建立一份信息数据档案，同时整合记录村内及周边养老服务资源，包括养老机构、日间照料中心的基本情况以及其他可用的基础设施、人力资源等并记录在册，以备为老年人的需求进行匹配。

另外，对农村老年人的养老服务需求进行分层分类的科学评估。由于老年人个体特征的异质性，再加之养老服务需求受家庭状况、经济水平等多种因素的影响，老年人的养老服务需求也各不相同。应设立科学的养老服务需求评估指标体系，结合老年人自身情况对其养老服务需求进行全方位衡量。评估人员要具有专业性，在评估之前要对评估人员进行严格的培训和考核。评估结果要及时和老年人核对，尊重老年人自身的要求与意愿。将评估结果导入大数据，利用大数据对老年人的需求内容、方式等进行精准分类分层。如能自理的老人需求主要集中在文化娱乐、精神慰藉等方面，患病老人、高龄老人则需要日常照料、医疗看护等服务，据此实现对农村老年人口养老服务的精准供给。

最后，建立养老服务需求动态调整机制。老年人口的身体状况、家庭情况等不是一成不变的，这就需要对老年人的养老服务供给及时调整。村委会可为每一位老人匹配相关负责人，不定期走访老年人，了解老年人对养老服务需求是否满足、是否发生变化以及还有什么建议等，并借助大数据平台进行动态更新，准确及时识别农村老人养老服务需求。

第二节 构建"一核多元"养老服务协同供给体系

由于我国农村养老服务多元合作供给模式面临着理论与实践的双重困境，而仅仅通过政府主体满足养老服务的精准供给任重而道远，因此必须建立以政府为核心的"一核多元"的养老服务供给模式，厘清政府、市场、社会等各方面的权责边界，明确各自的角色定位，发挥各方优势，消除劣势，促进农村地区养老服务精准供给的实现。

其一，政府在养老服务的精准供给中扮演好引领者与兜底者的角色。作为引领者，要对农村养老服务的精准供给进行切实可行的顶层设计，加大向农村地区倾斜的政策力度，弥补历史上对农村地区遗留的政策缺位问题，还要对市场以及社会组织加大资金支持和政策支持，放宽农村养老服务的市场参与准则，并制定规范的行业标准，提高农村养老服务供给的市场与社会组织参与率。作为兜底者，政府要做好兜底保障工作，通过梳理政府对农村养老服务的政策脉络可知，政府的兜底保障对象范围较窄，如果对象集中为困难地区的农村老年人口，应丰富保障方式与手段，扩大保障对象的范围，满足农村老年人口的基本生活服务需求。

其二，市场是农村养老服务精准供给的主要参与者。市场能够灵敏地捕捉到老年人口养老服务需求的变化，具有灵活性的特征，能够为老年人提供不同层次的养老服务。市场应该看到农村老年群体庞大的养老服务需求，主动寻求与政府的合作，合理利用优惠政策，积极进军农村养老服务领域。社会组织是农村养老服务精准供给的重要补充者，社会组织具有民间性，有利于弥补政府和市场的缺陷，对养老服务的供给发挥着补充辅助的作用。除了依靠政府支持外，社会组织要增强自身能力，完善治理结构并且加大宣传力度，以其独有的特色，满足农村老年人养老服务需求。

其三，家庭是养老服务多元供给的重要承担者，特别是在农村地区，传统观念对老年人影响深远持久，根深蒂固。相对于其他的养老服务模式，老年人更希望子女陪在身边，因此要大力弘扬孝道文化，增强子女对老人赡养的责任感。子女要积极主动地关心父母的生活状况，除了经济支持，还要对父母的内心生活多加关怀，满足老年人不同的养老服务需求。

第三节　全方位建设农村养老服务人才队伍

首先，根据对农村老年人养老服务需求的分层分类情况，吸纳或培养不同类别的服务人员，分为管理人员与服务人员两类，再将管理人员与服务人员进行细分。例如，将服务人员分为专门负责生活照料的服务人员、专门负责心理疏导的服务人员以及专门负责医疗护理的服务人员等，分工明确，专人专事为老年人提供精准的养老服务。

其次，要整合人力资源，解决农村地区养老服务人才缺乏的问题，村医具备医疗保健知识，养老服务的供给工作要积极与村医进行合作，让村医对养老服务工作人员进行医疗保健工作的培训，为老年人及工作人员普及卫生护理知识。

另外，还可集中农村空巢小农以及留守妇女加入养老服务工作中来，对其进行上岗培训，这样既缓解了养老服务工作人员的不足，又能为其带来一定的收入。还要完善志愿者服务工作，通过加强校企合作，完善村域交通设施，提高外来志愿者的可达性，同时为到农村地区参加志愿者工作的大学生解决后顾之忧，为工作优秀的志愿者颁发志愿者证书。引进新兴志愿养老服务模式，积极推广"时间银行"在农村养老服务供给中的发展。最后，要完善农村地区养老服务工作的工作环境，提高农村地区养老服务工作人员的薪资待遇水平，吸引有才能的工作人员到农村地区发展。

第四节　建立健全养老服务监督与评估机制

一方面要加强对养老服务的事前监督与评估，政府要制定农村养老服务业进入准则、行业规范以及法律法规，规范农村养老服务市场，改变农村养老服务难以监督的现象。

另一方面，政府作为掌舵者，在信息获取方面具有强大优势，政府要不定期观测养老服务大数据平台，利用现代技术监督农村养老服务供给前是否对老年人的需求进行了分层分类服务及动态调整。农村养老服务供给过程中的监管也不能松懈，县级政府要派遣专职人员对养老服务资源供给是否到位、养老服务设施是否建设、资金流向等进行监督与管理。养老机构也要派遣专职人员对养老服务供给过程中老年人是否享受到应有的服务、是否受到虐待等进行监管。

最后，要加强养老服务供给的事后监督与评估，农村养老服务供给主体要建立简单方便的反馈机制，以方便老年人反馈养老服务的质量，主动与行动不便、表达能力较弱的老年人沟通，了解老年人对养老服务的满意情况。此外，要构建科学合理的内部评估体系，建立养老服务质量评价指标体系，对养老服务工作人员的工作素养和职业道德进行定期评定，及时发现问题以便对养老服务的供给进行质量控制，同时提高监督与评估结果的透明度，让老年人对提供的养老服务安心、放心。

第五节　促进农村民主自治，凝聚养老服务供给力量

村民参与自治是农村公共事务管理的重要手段，也是影响农村养老服务供给水平的重要因素。村民是农村自治的主要成员，实现村民自治的关键在于村民能否积极参与公共事务管理，村民积极参与村民自治有利于促进村内各项公共建设，当然也包括养老服务事业。

首先，对于村内有宗族关系（或有大姓）的村集体，建立起以宗族关系为纽带的良性组织，适当鼓励宗族成员参与部分农村养老服务事务的管理和监督，有效发挥其影响力和约束规范作用，增强村内凝聚力和集体行动的能力。另外要注重凝聚村内村民之间的关系，可适当举办村内集体娱乐活动，增进村民之间的关系，使得村民参与公共事务更有积极性，更好更快达成一致。

其次，要完善村内村民意见反馈渠道，创新村民表达需求的方式，及时了解村内村民对农村养老服务的发展建议，对合理的建议进行采

纳，提高村民参与公共事务的积极性。充分依托互助养老服务的发展，建立农村养老服务互助组织，充分发挥农村养老服务建设发展中的集体力量。

最后，村干部是"领头羊"，村干部的号召力和工作能力是影响村内事务推进的重要因素，因此要提高村干部的能力。通过强化村干部培训，利用当地教育资源对村干部进行继续教育，鼓励村干部继续深造，为继续学习的村干部开辟学习通道，通过组织村干部到农村养老服务发展较好的乡镇进行学习等方式，提高村干部处理村内养老服务事务的能力。

第六节　加强党建引领，助推农村养老服务发展

党建是思想和灵魂，是引领事业、促进发展的指明灯，有了党组织的政治核心、领导核心，才有广大党员的先锋模范作用、带头带动作用，才能推动养老服务事业又好又快发展。

首先，通过党建引领深化养老服务改革。一方面，可以通过"公建民营"的方式，委托本地区连锁的知名养老品牌企业进行相关养老服务产业的运营；另一方面，在实行"公建民营"后，政府应该大力推动相关养老服务组织和企业强化党的建设，在其中设立党支部，充分发挥党员的先锋模范作用。

其次，以党建推动农村养老服务体系的完善。按照党建工作引领养老服务的工作思路，建立科学民主的农村养老服务运营管理机制，满足农村老年人的养老服务需求。然后，运用党的引领作用丰富农村养老服务内容。一方面，为充实农村养老服务队伍以增加养老服务内容，可以由党组织鼓励党员骨干、入党积极分子等党组织人员组建村级志愿服务

队，为村里有养老服务的需求群体提供志愿服务，依托党员服务队，定期开展走访慰问活动。另一方面，还可以建立巡访制度。将农村留守老年人纳入关爱服务范围，明确帮扶负责人，录入信息管理系统并进行动态化管理。

最后，通过党组织引领农村居家养老服务，打通"最后一公里"。发挥党建网格员作用。依托村级网格化管理体系，采取属地管理原则，为村（社区）内有居家服务需求的老年人提供助餐、助洁、助浴、助医、代办等服务。并对每位老年人的健康状况、生活习惯、子女家属、个人经历等方面情况进行详细记录，及时掌握老人各方面情况，以提供精准、便捷的养老服务。

第七节　推动基本养老服务法律法规制度完善

首先，建设基本养老服务法律制度体系。国家层面要加快基本养老服务的立法进程，制定专门的法律来保障农村养老服务政策的有效运行，明确养老服务的范围、内容、标准和责任，规范养老服务行为，保障老年人的合法权益，将优化提升养老服务质量摆在首位，这是实现农村养老服务精准供给的关键。

其次，要健全地方综合配套法规政策体系。制定和完善养老服务政策体系，包括土地供应、税费优惠、财政补贴、金融服务等方面的政策，形成全面系统的政策体系，为养老服务精准供给提供有力的支持。各地方政府在积极应对老龄化这一严峻形势下，必须完善地方性法规规章、政府工作指南、行业服务标准规范的地方综合配套法规体系，不能仅仅靠政府制定的一部专门法律，这无法解决养老服务领域的所有问题。

最后，制定政府购买养老服务的工作指南。工作指南应该条分缕析，内容清晰明了，可以为宏观政策提供可操作的方法，这能够很好地弥补法律政策过于抽象、宏观、僵硬的缺陷。同时，作为购买主体的政府而言，越是基层政府，越希望政策实施具有清晰的规定和要求，以便按照标准实施推进。而对于享受服务的老年人来讲，也更希望有清晰的操作指南指明自己是否能够享受服务、享受哪类服务、通过何种途径享受服务，使老年人及其家属能够有的放矢地采取措施积极申报、充分享有。

第八节　壮大农村集体经济，筑牢养老服务根基

村集体经济发展对养老服务的促进作用是多方面的，包括提供资金支持、增加就业机会、扩大市场需求、创新服务模式以及改善消费环境等，这些都有助于推动养老服务事业发展，满足老年人的多元化需求。因此，应从以下三个方面着手筑牢养老服务的基础。

首先，各地村集体可以开拓发展属于本村的特色农业产业，大力发展村集体经济。立足本村的优势资源，制定符合实际情况的产业发展规划，明确发展的目标与方向，发展具有本地特色的农业，如绿色生态农业、观光农业等。同时，可以推进一村一品和一村一业的产业发展模式，以特色产业带动全村经济发展。

其次，加强农村产业集群的发展。在有村特色产业之后，可以引导和支持各村企业的发展，通过政策引导、资金支持、人才培养等方式，鼓励和支持企业向产业集群集聚，推动建设产业集群。适时制定产业集群发展规划，根据不同村不同的资源优势和市场需求，制定符合实际情况的产业集群发展规划，明确发展的重点产业、发展目标、实施步骤和

保障措施。同时，搭建公共服务平台，加强品牌建设，为产业集群内的企业提供技术研发、产品设计、质量控制、生产制造、市场营销等方面的服务，提高产业集群的整体竞争力。

最后，应当继续加强基础设施建设，包括道路、水利、电力、通信等，只有拥有良好的基础设施，才能有加速经济发展的可能性。第一，加强道路建设，包括村内道路、桥梁、涵洞等，提高道路的通行能力和安全性，为村民出行和特色产品的对外合作与运输提供保障。第二，加强水利建设，包括灌溉渠道、排水沟渠、水库等，提高农业种植的抗旱排涝能力，保障农业生产用水、生产加工的正常进行。第三，加强电力建设，包括电网及变电所等，通过提高电力供应的稳定性和安全性来满足村民的生活和生产需求。第四，加强通信建设，包括电话及宽带网络等，提高通信服务的覆盖率和速度，发展农村电商和物流产业，为村民提供更好的信息服务。

第九节　推进农村医养结合养老服务模式发展

推进农村医疗建设需要多方的合作和努力，并做好建立健全农村医保制度、建设基层医疗机构、加强健康宣传教育等方面的工作。

首先，健全完善农村医保制度。当前的农村医保存在诸多难点，如缴费方式不灵活、报销手续仍然较为烦琐、医保水平与城市医保差距较大等。因此，我们应该逐步进行农村医疗保障的改革，为农村老年人口提供全面的保障内容，减轻他们的医疗负担，提高农村医疗服务的可及性和公平性。

其次，良好的医疗保障应该建设更多的农村基层医疗机构。目前我国农村基层医疗机构很少且只能治疗一些基础的日常病症，大的疾病仍然需要去乡镇甚至是市区才能治疗。这会使农村居民除了基本的医疗治疗费以外还需要支付额外的路费以及住宿费，不仅增加了村民的治病负担，还可能会错过最佳治疗时间。尤其是农村老年人，看病是一件更不容易的事。因此，应该加强基层医疗机构的建设，包括卫生院、卫生所、村卫生室等，并加强对农村医疗设施的配备，提高基层医疗机构的诊疗水平和覆盖率，尤其要提升农村医疗机构在治疗老年病方面的医疗水平，满足农村老年人的基本医疗服务需求。

最后，加强健康宣传教育。第一，可以扩大健康宣传力度，通过各种渠道，如宣传栏、黑板报、多媒体等传媒开展健康教育，并利用村内的广播、电视等设备播放健康知识，提高村民的健康意识。第二，根据村民的年龄、性别、健康状况等特点，开展有针对性的健康教育。例如，可以针对老年人开展老年保健、预防老年病等方面的教育，并与养老服务相结合，在养老服务提供的同时对老年人进行老年病预防知识科普。第三，开展健康咨询活动。组织专业医生或健康专家为村民提供健康咨询服务，解答村民的健康问题，提供健康建议和治疗方案。同时，鼓励老年人与家庭医生签约，对老年人未来可能发生的疾病进行全面和专业的健康管理和预防。

主要参考文献

一、中文文献

（一）期刊类

[1] 白晨，顾昕. 中国基本养老服务能力建设的横向不平等——多维福祉测量的视角 [J]. 社会科学研究，2018 (2).

[2] 蔡起华，朱玉春. 社会信任、关系网络与农户参与农村公共产品供给 [J]. 中国农村经济，2015 (7).

[3] 蔡阳，周绿林，许兴龙，等. 基于 ADL 模型的老年人异质性养老服务需求研究 [J]. 中国卫生经济，2021，40 (8).

[4] 曹莽. 当今老龄化：沿革、趋势与新界定 [J]. 辽宁大学学报 (哲学社会科学版)，2017，45 (6).

[5] 陈英姿，满海霞. 中国养老公共服务供给研究 [J]. 人口学刊，2013 (1).

[6] 程浩，管磊. 对公共产品理论的认识 [J]. 河北经贸大学学报，2002 (6).

[7] 戴建兵，曹艳春. 论我国适度普惠型社会福利制度的构建与发展 [J]. 华东师范大学学报 (哲学社会科学版)，2012，44 (1).

[8] 邓保国，余泽梁. 社区各类养老服务对老年人生活质量的影

响——以需求响应为视角的实证分析 [J]. 学术交流, 2021 (9).

[9] 邓大松, 丰延东. 社区养老服务缓解了中国老年人健康脆弱性吗? [J]. 湖北大学学报 (哲学社会科学版), 2021, 48 (5).

[10] 丁煜, 朱火云, 周桢妮. 农村互助养老的合作生产何以可能——内生需求和外部激励的必要性 [J]. 中州学刊, 2021 (6).

[11] 付舒. 支持养老金融发展的政策 "目标—工具" 适配性研究 [J]. 山东社会科学, 2018 (8).

[12] 傅再军, 商茹, 傅乐良, 等. 云南省高校离退休人群心理健康状况及影响因素 [J]. 中国老年学, 2014, 34 (10).

[13] 顾大男. 老年人年龄界定和重新界定的思考 [J]. 中国人口科学, 2000 (3).

[14] 郭林, 丁建定. 试论完善中国社会保障制度体系的基本原则——以 "四维体系" 为视角 [J]. 华中师范大学学报 (人文社会科学版), 2013, 52 (1).

[15] 郭云南, 姚洋, Foltz Jeremy. 正式与非正式权威、问责与平滑消费: 来自中国村庄的经验数据 [J]. 管理世界, 2012 (1).

[16] 韩俊江, 刘迟. 社区居家养老服务的多元体系建构 [J]. 社会保障研究, 2012 (6).

[17] 韩沛锟, 程瑶瑶. 农村养老服务: 需求、政策实践与发展展望 [J]. 学习论坛, 2021 (2).

[18] 何晖. 政府主导型农村互助养老: 衍生逻辑·实践框架·路径取向 [J]. 吉首大学学报 (社会科学版), 2021, 42 (4).

[19] 何艺轩, 周日晴. 以精准化理念完善养老服务供给体系 [J]. 中共成都市委党校学报, 2018 (2).

[20] 侯冰. 老年人社区居家养老服务需求层次及其满足策略研究 [J]. 社会保障评论, 2019 (3).

[21] 黄俊辉，李放，赵光. 农村社会养老服务需求意愿及其影响因素分析：江苏的数据 [J]. 中国农业大学学报（社会科学版），2015，32（2）.

[22] 黄俊辉. 农村养老服务供给变迁：70年回顾与展望 [J]. 中国农业大学学报（社会科学版），2019（5）.

[23] 霍艾湘. 我国养老消费供需发展现状及协调机制研究 [J]. 商业经济研究，2021（15）.

[24] 季璐，俞欣悦，刘红光. 政府购买养老服务中老年人需求表达机制研究——基于S市SJ区城乡接合部空巢老人的调查 [J]. 盐城工学院学报（社会科学版），2020，33（1）.

[25] 姜玉贞. 社区居家养老服务多元供给主体治理困境及其应对 [J]. 东岳论丛，2017，38（10）.

[26] 焦娜，郭其友. 多维剥夺视角下中国农村老年贫困的识别与治理 [J]. 中国人口科学，2021（3）.

[27] 晋铭铭，罗迅. 马斯洛需求层次理论浅析 [J]. 管理观察，2019（16）.

[28] 景天魁. 创建和发展社区综合养老服务体系 [J]. 苏州大学学报（哲学社会科学版），2015，36（1）.

[29] 孔祥智，谭智心. 北京市农村残疾人对医疗服务需求意愿的影响因素分析 [J]. 卫生经济研究，2009（12）.

[30] 雷咸胜. 新型农村社会养老保险对农村居民生活方式影响的实证研究——基于性别的视角 [J]. 农林经济管理学报，2020，19（1）.

[31] 李兵，张航空，陈谊. 基本养老服务制度建设的理论阐释和政策框架 [J]. 人口研究，2015，39（2）.

[32] 李从容，曹慧敏. 民办养老机构建设及管理研究——以西安市为例 [J]. 老龄科学研究，2015，3（9）.

［33］李光，苏娇燕.基于异质性视角的老年差异化学习形式研究［J］.中国成人教育，2022（15）.

［34］李静，朱兰兰.社会企业介入"农村养老服务链"的路径研究［J］.湖北农业科学，2022，61（12）.

［35］李丽君.以供给侧结构性改革实现养老服务精准发展［J］.中国社会工作，2017（5）.

［36］李龙熙.对可持续发展理论的诠释与解析［J］.行政与法（吉林省行政学院学报），2005（1）.

［37］李俏，许文.农村养老服务供给侧改革的研究理路与实现方式［J］.西北人口，2017，38（5）.

［38］李伟.农村社会养老服务需求现状及对策的实证研究［J］.社会保障研究，2012（2）.

［39］李希玮，郎帅.农村互助养老模式构建探析——以山东省淄博市Y村幸福院为例［J］.北京农业职业学院学报，2022，36（3）.

［40］李玉玲.我国居家、社区、机构养老服务融合模式发展研究［J］.学术探索，2016（9）.

［41］李远雷，康正，李月欢，等.中国5省份农村老年人养老需求及影响因素分析［J］.中国公共卫生，2021，37（8）.

［42］李兆友，郑吉友.农村社区居家养老服务需求强度的实证分析——基于辽宁省S镇农村老年人的问卷调查［J］.社会保障研究，2016（5）.

［43］李政军.萨缪尔森公共物品的性质及其逻辑蕴涵［J］.南京师大学报（社会科学版），2009（5）.

［44］连芙蓉，贾涵顺.社会转型中农村养老方式的历史演进与现实困境［J］.兰州大学学报（社会科学版），2021，49（4）.

［45］梁文凤.人口老龄化背景下农村养老的现实困境与路径选择

[J]. 经济纵横, 2022 (10).

[46] 廖楚晖, 甘炜, 陈娟. 中国一线城市社区居家养老服务质量评价 [J]. 中南财经政法大学学报, 2014 (2).

[47] 刘红芹, 刘强. 居家养老服务的制度安排与政府角色担当 [J]. 改革, 2012 (3).

[48] 刘欢. 农村老人自理能力、服务需求与家庭贫困关联度分析 [J]. 人口学刊, 2017, 39 (6).

[49] 刘磊. "十四五"时期完善农村养老服务体系的挑战与任务 [J]. 行政管理改革, 2021, 15 (5).

[50] 刘小春, 魏川林. 积极老龄化战略下农村养老服务人才供给挑战及其对策 [J]. 四川职业技术学院学报, 2022, 32 (5).

[51] 刘小春, 张果, 谭小龙, 等. 农村居民养老服务供需形成机理——基于结构方程模型分析 [J]. 农林经济管理学报, 2020, 19 (3).

[52] 刘小春. 农村居民养老服务项目需求优先次序及其影响因素研究 [J]. 价格月刊, 2020 (6).

[53] 刘宇, 唐亚阳. 农村养老服务供给困境与出路——基于供给侧结构性改革视角 [J]. 当代经济研究, 2018 (6).

[54] 吕雪枫, 于长永, 欣蓓. 农村老年人的机构养老意愿及其影响因素分析——基于全国 12 个省份 36 个县 1218 位农村老年人的调查数据 [J]. 中国农村观察, 2018 (4).

[55] 马凤芝, 王依娜. "共振式增能": 农村养老共同体构建的实践逻辑——基于水村和清村的经验研究 [J]. 中国农业大学学报 (社会科学版), 2021, 38 (4).

[56] 马妍群, 母赛花. 子女支持因素对昭通市农村老人医养结合参与意愿的影响分析——基于 logistic 模型 [J]. 新农业, 2022 (3).

[57] 毛艳华. 政府购买居家养老服务监管: 基于博弈视角的研究

[J]. 西北人口，2016，37 (1).

[58] 孟沙沙，孙一平. 农村养老服务有效供给模式与路径——基于农村供给侧结构性改革视角 [J]. 农业经济，2019 (9).

[59] 年美. 居家养老——适合我国城市的养老方式 [J]. 湖南农机，2007，9 (9).

[60] 彭希哲，陈倩. 中国银发经济刍议 [J]. 社会保障评论，2022，6 (4).

[61] 钱海燕，沈飞. 地方政府购买服务的财政支出效率评价——以合肥市政府购买居家养老服务为例 [J]. 财政研究，2014 (3).

[62] 宋馨莉. 乡村康养养老产业人力资源开发研究 [J]. 合作经济与科技，2022 (12).

[63] 睢党臣，彭庆超. 我国城市"互联网+社区居家养老"服务模式的构建基础分析 [J]. 社会保障研究，2017 (3).

[64] 孙鹃娟，沈定. 中国老年人口的养老意愿及其城乡差异——基于中国老年社会追踪调查数据的分析 [J]. 人口与经济，2017 (2).

[65] 孙鹃娟，蒋炜康，陈雨欣. 医养康养相结合的养老服务体系：政策意涵与实践路径 [J]. 北京行政学院学报，2023 (2).

[66] 孙兰英，苏长好，杜青英. 农村老年人养老决策行为影响因素研究 [J]. 人口与发展，2019 (6).

[67] 孙文基，单晓敏. 财政支持江苏社会养老服务体系建设的调查和思考 [J]. 财政研究，2012 (12).

[68] 唐娟莉，倪永良. 农村社会养老服务需求：意愿与影响 [J]. 农业现代化研究，2020，41 (4).

[69] 王广州，王军. 中国人口老龄化趋势的经济社会影响及公共政策应对 [J]. China Economist，2021，16 (1).

[70] 王皓田. "十四五"时期完善养老服务体系需厘清的几个问

题 [J]. 中国经贸导刊（中），2019（10）.

[71] 王俊文，杨文. 我国贫困地区农村养老服务需求若干问题探讨——以江西赣南 A 市为例 [J]. 湖南社会科学，2014（5）.

[72] 王敏，吕寒. 新型城镇化、农民市民化与公共服务供给 [J]. 哈尔滨商业大学学报（社会科学版），2020（4）.

[73] 王庆. 甘肃省公共服务供给水平测度与提升——基于主成分分析 [J]. 河西学院学报，2020，36（4）.

[74] 王维，刘燕丽. 农村养老服务体系的整合与多元建构 [J]. 华南农业大学学报（社会科学版），2020，19（1）.

[75] 王晓峰，刘帆，马云博. 城市社区养老服务需求及影响分析——以长春市的调查为例 [J]. 人口学刊，2012（6）.

[76] 王雪辉，彭聪. 农村社会养老服务供给水平研究 [J]. 华南农业大学学报（社会科学版），2020（1）.

[77] 韦安，何玲玲. 农村互助养老服务有效供给的实践困境与优化路径 [J]. 北京劳动保障职业学院学报，2022，16（4）.

[78] 温凤荣，毕红霞. 农村空巢老人养老方式选择实证研究——山东省例证 [J]. 人口与发展，2016，22（4）.

[79] 巫德富，谭雪燕. 城市养老设施建设需求与空间布局研究——以南宁市为例 [J]. 广西社会科学，2017（1）.

[80] 吴开霖，史庆玲，贾琳，等. 社会生态学模型视域下老年人体力活动经济效益模型建构与实证研究 [J]. 广州体育学院学报，2023，43（1）.

[81] 吴雪. 智慧养老产业发展态势、现实困境与优化路径 [J]. 华东经济管理，2021，35（7）.

[82] 伍德安，杨翠迎. 居家养老服务体系财税政策空间及顶层设计——基于上海市的实证研究 [J]. 财经论丛，2015（2）.

[83] 伍芷蕾，郁俊莉. 中国社会养老服务的政策变迁分析：基于政策网络视角 [J]. 湖北行政管理学院学报，2018（1）.

[84] 武玲娟. 农村老年人社区养老服务需求及其影响因素分析——基于第四次中国城乡老年人生活状况抽样调查山东省数据 [J]. 山东社会科学，2018（8）.

[85] 向运华，姚虹. 少数民族地区城市社区养老的现状与发展对策——以恩施市为例 [J]. 云南民族大学学报（哲学社会科学版），2016，33（2）.

[86] 向运华，姚虹. 中国农村老年人生活满意度研究 [J]. 统计与信息论坛，2017，32（2）.

[87] 徐拓远，张云华. "十四五" 时期积极应对农村人口老龄化的思路与举措 [J]. 改革，2021（10）.

[88] 杨宝强，钟曼丽. 农村养老服务供给能力的测度与提升策略——基于海南省18个市县的实证研究 [J]. 湖北民族大学学报（哲学社会科学版），2020，38（4）.

[89] 杨敏，钱英. 城市社区老年人养老方式选择及其影响因素研究 [J]. 护理研究（上旬版），2012，26（1）.

[90] 杨胜慧，赵勇，林杰. 关于我国老年人口界定标准的一点思考 [J]. 西北人口，2017，38（2）.

[91] 杨宜勇，杨亚哲. 论我国居家养老服务体系的发展 [J]. 中共中央党校学报，2011，15（5）.

[92] 杨勇刚. 供给侧视角下的农村养老服务发展策略 [J]. 河北大学学报（哲学社会科学版），2017（6）.

[93] 杨臻华，赵梦，杨媛，等. 养老机构老年人睡眠轨迹及其预测因素研究 [J]. 中国护理管理，2021，21（4）.

[94] 姚天冲，郭一鸣. 刍议美、日老年人认定标准 [J]. 劳动保

障世界, 2017 (15).

[95] 姚兴安, 苏群, 朱萌君. 智慧养老服务采用意愿及其影响因素研究 [J]. 湖北社会科学, 2021 (8).

[96] 姚兆余, 陈日胜, 蒋浩君. 家庭类型、代际关系与农村老年人居家养老服务需求 [J]. 南京大学学报 (哲学·人文科学·社会科学), 2018, 55 (6).

[97] 姚兆余. 农村社会养老服务: 模式、机制与发展路径——基于江苏地区的调查 [J]. 甘肃社会科学, 2014 (1).

[98] 于书伟. 农村养老服务供给侧结构性改革的困境及对策研究 [J]. 求实, 2018 (4).

[99] 于潇, 孙悦. "互联网+养老": 新时期养老服务模式创新发展研究 [J]. 人口学刊, 2017, 39 (1).

[100] 袁丹丹, 马子龙, 张滋, 等. 农村养老机构照护志愿服务现状及需求研究进展 [J]. 护理实践与研究, 2021, 18 (24).

[101] 张帆, 魏川林, 刘小春. 农村养老服务精准供给的理论逻辑、制约因素及实现路径 [J]. 安徽农学通报, 2022, 28 (5).

[102] 张国平. 农村老年人居家养老服务的需求及其影响因素分析——基于江苏省的社会调查 [J]. 人口与发展, 2014, 20 (2).

[103] 张继元. 我国养老服务发展的驱动机制与实证检验 [J]. 社会政策研究, 2019 (1).

[104] 张举国. "一核多元": 元治理视阈下农村养老服务供给侧结构性改革 [J]. 求实, 2016 (11).

[105] 张艳霞, 刘远冬, 吴佳宝, 等. 中国农村养老保障资金供给现状及多元化探析 [J]. 中国农业大学学报 (社会科学版), 2021, 38 (4).

[106] 张艳霞, 吴佳宝, 刘远冬, 等. 县乡村三级养老服务网络

构建路径研究——基于江苏省的调查［J］.中国农业大学学报（社会科学版），2022，39（1）.

［107］章晓懿，梅强.影响社区居家养老服务质量的因素研究：个体差异的视角［J］.上海交通大学学报（哲学社会科学版），2011，19（6）.

［108］赵光，李放，黄俊辉.新型农村养老保险对农民土地流转行为的影响——基于"中国健康与养老追踪调查"数据的倍差法分析［J］.江西财经大学学报，2015（4）.

［109］周大鸣，廖越.我们如何认识中国乡村社会结构的变化：以"原子化"概念为中心的讨论［J］.广西师范学院学报（哲学社会科学版），2018，39（4）.

［110］周利兵.老年人标准的建构与对延迟退休的思考［J］.理论学习，2014（5）.

［111］周文娟.农村养老服务供给的内生动力及政策优化［J］.农业经济，2021（2）.

［112］朱玉知.政府购买养老服务的公共政策分析［J］.天水行政学院学报，2008（4）.

（二）其他类

［1］赵艳.健康老龄化背景下我国农村养老服务供给多元合作模式研究［D］.呼和浩特：内蒙古农业大学，2021.

［2］艾斯平-安德森.福利资本主义的三个世界［M］.北京：法律出版社，2003.

［3］王济川，郭志刚.Logistic回归模型：方法与应用［M］.北京：高等教育出版社，2001.

［4］国务院印发《"十三五"国家老龄事业发展和养老体系建设规划》［R/OL］.中国政府网，2017-03-06.

［5］江西省统计局．江西省第七次全国人口普查公报（第三号）［R/OL］．江西省统计局，2021-05-26.

［6］中国房地产报．今年全国两会代表委员共商"养老"大事［R/OL］．知乎财经专栏，2021-03-21.

［7］习近平：决胜全面建成小康社会夺取新时代中国特色社会主义伟大胜利——在中国共产党第十九次全国代表大会上的报告［R/OL］．共产党员网，2017-10-27.

［8］中共中央 国务院印发《国家积极应对人口老龄化中长期规划》［R/OL］．人民政府网，2019-11-21.

［9］第七次全国人口普查主要数据情况［R/OL］．人民政府网，2021-05-11.

［10］中共中央关于制定国民经济和社会发展第十四个五年规划和二〇三五年远景目标的建议［R/OL］．人民政府网，2020-11-03.

［11］中共中央国务院关于加强新时代老龄工作的意见［R/OL］．人民政府网，2021-11-24.

二、英文文献

（一）期刊类

［1］ALDERFER C P. Convergent and Discriminant Validation of Satisfaction and Desire Measures by Interviews and Questionnaires［J］. Journal of Applied Psychology, 1967（6）.

［2］BOROWIAK E, KOSTKS J, KOSTKA T. Comparative Analysis of the Expected Demands for Nursing Care Services Among Older People from Urban, Rural, and Institutional Environments［J］. Clinical Interventions in Aging, 2015.

［3］BRANDT M. Intergenerational Help and Public Assistance in Europe：A Case of Specialization？［J］. European Societie，2011，15（1）.

［4］CAMPBELL J C，IKEGAMI N，GIBSON M J. Lessonsfrom Public Long-Term Care Insurance in Germany and Japan ［J］. Health Affairs，2010，29（1）.

［5］CHON Y. An Exploratory Qualitative Study on Relationships Between Older People and Home Care Workers in South Korea：the View from Family Carers and Service Providers ［J］. Ageing & Society，2015，35（3）.

［6］BROWN D L，GLASGOW N，KULCSAR L J，et al. The Multi-Scalar Organization of Aging-Related Services in US Rural Places ［J］. Journal of Rural Studies，2019，68.

［7］ENTWISTLE V A，WATT I S. Treating patients as persons：a capabilities approach to support delivery of person - centered care ［J］. American Journal of Bioethics，2013，13（8）.

［8］HAYNES P，HILL M，BANKS L. Older People's Family Contacts and Long-term Care Expenditure in OECD Countries：A Comparative Approach Using Qualitative Comparative Analysis ［J］. Social Policy & Administration，2010，44（1）.

［9］BONENKAMP J，MEIJDAM L，PONDS E，et al. Ageing-Driven Pension Reforms ［J］. Journal of Population Economics，2017，30.

［10］LMASLOW A H. A Theory of Human Motivation ［J］. Psychological Review，1943（50）.

［11］PICKARD L. A Growing Care Gap？ The Supply of unpaid care for Older People by their adult Children in England to 2032 ［J］. Ageing and Society，2013，35（1）.

［12］KATZ R. Intergenerational Family Relations and Subjective Well-

Being in Old Age: A Cross-National Study [J]. European Journal of Ageing, 2009 (6).

[13] SANKA A, JO-ANNE R, et al. Factors Influencing Decision-Making Processes for Unwell Residents in Residential Aged Care: Hospital Transfer or Residential In Reach Referral? [J]. Australasian Journal on Ageing, 2018 (2).

[14] STOLLER E P, EARL L L. Help with Activities of Everyday Life: Sources of Support for the Noninstitutionalized Elderly [J]. The Gerontologist, 1983, 23 (1).

[15] SY N E, OBERST R B, MACALAGAY P S, et al. In Vitro Growth Inhibition of Plasmodium falciparum by Sera from Different Regions of the Philippines [J]. The American Journal of Tropical Medicine and Hygiene, 1990, 43 (3).

[16] TRAN N L T, WASSMER R W, LASCHER E L. The Health Insurance And Life Satisfaction Connection [J]. Journal of Happiness Studies, 2017, 18 (2).

[17] WON I, KIM K H, et al. A Study on Decision Factors Affecting Utilization of Elderly Welfare Center: Focus on Gimpo City [J]. Journal of The Korea Gerontological Society, 2018 (2).

（二）其他类

[1] IRVING P. Aging populations: A Blessing for Business [G]. Forbes, 2018.

[2] SPICKER P. Social Policy: Theory And Practice [M]. Bristal: Policy Press, 2014.

后 记

国家需要，问题导向，兴趣是最好的老师。21世纪，我国步入老龄化社会以来，养老服务成为社会各界关注的热点、焦点，大家都希望找到一条养老服务高质量发展解决之道。当前老龄化速度不断加快，老龄化程度不断加深且城乡倒置，养老服务资源要素约束不断加剧且农村尤为突出，老年人口异质性不断突显，老年人对养老服务期望不断提升。而我们也出于对乡村的质朴情感、专业背景和研究兴趣尝试加入农村养老服务发展路径的探索，经过多年学习和深入思考，我们粗浅地认为"中国模式：农村养老服务精准供给"不失为一种有效路径。

一个好汉三个帮，众人拾柴火焰高。本书的出版凝结了很多人的心血，借此书稿付梓之际，我们特向为完成此书提供帮助和指导的各位相识或者不相识的人们表示最诚挚的感谢。首先，应该感谢我们的硕士生张帆、饶喆、魏川林、王若妍、张子佳、胡伟南、郑凯欣、陈仁宇、余志安、薛娇、张升琼和朱璇等为本书的写作查阅整理了大量资料，并参与了前期调查、访谈及典型案例收集，后期校稿以及众多基础性工作。其次，应该感谢为我们提供第一手资料，接受问卷调查、访谈及典型案例的实践者，他们用亲身经历或亲自实践，给了我们很多启发和感悟，使我们深深体会到纸上得来终觉浅，绝知此事要躬行。再次，要感谢为本书撰写提出宝贵意见的相关评审专家、师长和同仁，以及江西农业大学经济管理学院的领导和同事，他们都默默为本书的完稿及撰写质量做出了重要贡献。最后，要感谢九州出版社的编辑和编审，没有他们的大力支持和辛勤付出，我们很难在这么短的时间内顺利将本书出版。

念念不忘，必有回响。在本书交稿之际，民政部会同中央精神文明建设办公室、农业农村部、国家发展改革委等22部委出台了《关于加快发展农村养老服务的指导意见》（民发〔2024〕20号文件）。为面对资源要素约束、青壮年人口大量流入城市、人口出生率不断下降、人口负增长、数字建设发展滞后、老年人口收入增长乏力、养老服务人才紧缺等新情况、新问题的农村养老服务未来发展指明了方向，破解了难题。期待从此农村养老服务发展能在各方的积极努力下迈上新台阶。

竭尽全力，心中仍存不安。受能力水平所限，书中不足之处在所难免，敬请读者不吝赐教。